21 世纪教学活动设计案例精选丛书

中小学综合实践活动
教学活动设计案例精选

丛书主编　禹　明

本册主编　刘道溶

图书在版编目(CIP)数据

中小学综合实践活动教学活动设计案例精选/禹明丛书主编. —北京：北京大学出版社，2012.3

（21世纪教学活动设计案例精选丛书）

ISBN 978-7-301-20249-4

Ⅰ．①中… Ⅱ．①禹… Ⅲ．①活动课程—教学设计—中小学 Ⅳ．①G632.3

中国版本图书馆 CIP 数据核字（2012）第 021974 号

书　　　名	中小学综合实践活动教学活动设计案例精选 ZHONGXIAOXUE ZONGHE SHIJIAN HUODONG JIAOXUE HUODONG SHEJI ANLI JINGXUAN
著作责任者	禹　明　丛书主编　刘道溶　本册主编
策　　　划	周雁翎
责 任 编 辑	李淑方
标 准 书 号	ISBN 978-7-301-20249-4
出 版 发 行	北京大学出版社
地　　　址	北京市海淀区成府路 205 号　100871
网　　　址	http://www.pup.cn　新浪微博：@北京大学出版社
电 子 信 箱	zyl@pup.pku.edu.cn
电　　　话	邮购部 62752015　发行部 62750672　编辑部 62767346
印 刷 者	河北滦县鑫华书刊印刷厂
经 销 者	新华书店
	787 毫米×1092 毫米　16 开本　12.75 印张　260 千字 2012 年 3 月第 1 版　2022 年 12 月第 7 次印刷
定　　　价	36.00 元

未经许可，不得以任何方式复制或抄袭本书之部分或全部内容。
版权所有，侵权必究
举报电话：010-62752024　电子信箱：fd@pup.pku.edu.cn
图书如有印装质量问题，请与出版部联系，电话：010-62756370

序

朱慕菊

当今世界正在发生着深刻的变化。社会的发展决定了教育必须跟上时代的步伐,因此,教育必须朝着适应未来的方向进行深刻的变革。自2001年9月启动我国新一轮基础教育课程改革以来,中小学的课堂里正在发生着质的变化,课程改革的理念已在基础教育改革的实践中得到广泛认同。

课堂教学设计是教学中的一个重要环节,是教学的目的性、过程性、科学性与艺术性的统一,不但需要深厚的教育理论作支撑,而且需要适切运用丰富多样的教学方法和教学技术。本丛书编写者长期以来坚持以新课程的理念为指导,对课堂教学进行了深入的探索,获得了有益的经验。

第一,在教育理论与实践的结合上进行了有益的探索。长期以来,教师们普遍认为系统而复杂的教学理论不易被有效地运用于课堂教学中。而在新课程推进过程中,教师们努力学习新课程所倡导的教学理论,并积极探索与实践的结合,特别注重把教学理论和研究成果运用于实际教学,指导教学工作,同时也注重将教师的教学经验总结上升到理论层面。事实证明,理论必须与实践不断结合才能为教师所掌握和运用;同样,也只有经常性地反观课堂教学实践,对其进行深度思考与梳理,才能使教学认识上升到理性的高度。这套《21世纪教学活动设计案例精选丛书》正是积极探索教育理论与实践相结合的产物。

第二,在教师的专业发展上进行了有益的探索。新课程的推进既向教师提出了巨大的挑战,同时也应看到,它更是教师专业发展的极好机遇。教师工作的性质决定了它不是机械的重复。教师既要坚定不移地贯彻落实党的教育方针,同时作为专业人员还必须遵循少年儿童心理发展的规律,谙熟他们的需求,掌握学科教学的内容与方式。在当今社会快速发展的背景下,教师的专业修养也需要与时俱进。因此,新课程所倡导的学生学习方式的变革、教师教学方式的变革,都需要教师在工作岗位上不断思索,不断进步,实现其专业发展。而本丛书编写者正是深刻理解了教师专业发展对于推进新课程的重要性,他们想方设法促使教师对自己的课堂教学进行自觉的反思与总结,引导教师们在理论与实践之间进行反复的"对话",并将"对话"的结果以课堂教学设计的形式表达出来,帮助教师整理了教学思想,提升了教育理念,促进了教师专业的发展。

第三,在改变课堂教与学的方式上进行了有益的探索。查尔斯·赫梅尔在《今日的教育为了明天的世界》中指出,在百科全书式的知识已经过时、百科全书比老人老得还快的大变革时代里,教师再也不能仅限于传授知识,而需要"唤醒不被知晓或沉睡中的能力,使得每个人都能分享到人们完全能够发挥自己才能的幸福"。因此,改变教与学的方式成为本次课程改革追求的重要目标之一。这套丛书正是以改变教与学的方式为突破口,对课堂教学如何体现学生的主体地位,如何突出知识的建构过程,如何增强学生的情感体验,如何使学生形成正确的价值观等方面的问题作了大量深入的探索。这套丛书中的教学设计虽然侧重活动性,但每一个教学活动的设计都力图向人们反映一种理念:只有将学习任务转化为学生的自我需求,才能真正唤起学生的求知欲望,才能真正激活学生学习的内在动力,才能真正使学生成为学习的主人。

衷心希望这套丛书能够为全国的中小学教育工作者提供借鉴。

2012 年 2 月

(朱慕菊:国家基础教育课程教材专家工作委员会秘书长)

前　言

禹　明

最近，国家九年义务教育课程标准正式公布了。在总结我国十多年来基础教育课程改革经验的基础上，教育部正式公布的国家九年义务教育课程标准在强调德育领先、坚持渗透社会主义核心价值观的同时，特别强调了对学生创新精神和实践能力的培养。而要实现这一点，我们就要继续转变中小学课堂教学方式，在课堂上尊重学生，充分调动学生的积极性和主动精神，培养学生的批判性思维和学生的实践能力。为了学习，落实国家九年义务教育课程标准的精神，帮助中小学教师转变课堂教学方式，北京大学出版社出版了《21世纪教学活动设计案例精选丛书》，以帮助中小学各学科教师更好地在国家九年义务教育课程标准的指导下，研究课堂教学，改进课堂教学，提高基础教育的教育质量。

我们一直强调教学过程的重要性。因为学生知识的获取，能力的提升，情感的变化都是在教学过程中逐步实现的。教学过程要由一个一个教学活动构成。要想实现有效的教学过程，一定要设计好每一个教学活动，使教学活动符合学生的认知发展水平，符合学生的实际生活经历。在设计教学活动时，要考虑在活动中学生学什么？怎样学？学得怎样？要考虑如何让学生主动学习，合作学习，探究学习。一堂课是否有效与课堂教学活动的好坏正相关，学生是否能成为课堂学习的主人也与课堂教学设计的好坏正相关。因此，研究课堂教学活动的设计是课程改革的需要，是落实国家九年义务教育课程标准的需要，也是中小学教师专业发展的需要。

《21世纪教学活动设计案例精选丛书》的编写不以某一版本的教材为依据。它是根据基础教育课程改革的基本理念，依据国家九年义务教育课程标准编写的。这就使本丛书具有普适性，可供使用任何版本教材教学的中小学教师参考使用。本丛书收集的活动设计，有别于教育教学案例，它是课堂教学中的某个教学环节，或是精心设计的导入，或是针对具体学习任务而设计的小游戏。每一个教学活动设计体现了以学生为主体的理念，而且经过了多年教学实践的检验，行之有效。由于丛书提供的活动类型多样,宛如一个课堂教学活动设计的"超市",各个学科的教师完全可以根据自己教学的实际需要,任意选用或组合,也可以在现有基础上改造与创新。在编写本丛书时,我们并没有强求体例一致,这样,我们可以保存每个教学活动设计的个性与特点,体现教学活动设计的多元化。对于广大的一线中小学教师而言,本丛书是实用的教学参考书,因为本丛书的作者都是来自教学第一线,他们的教学活动设计就是在教学第一线产生的。

《21世纪教学活动设计案例精选丛书》是一套"草根"作品,散发着浓浓的芳草气息,而课程改革的春天不正是弥漫着这股清香味么?愿同行们喜欢它,也期待着你们的指教。

2012年2月

于深圳市教育科学研究院

(禹明:特级教师,教育部教师教育课程资源专家委员会专家,教育部"国培计划"首批教师培训专家,教育部九年义务教育课程标准综合审议专家,教育部外国人子女学校认证专家组专家,深圳大学师范学院兼职教授,教育硕士导师)

编 者 说 明

师范院校的教师职业技能培养的严重缺失,课程改革培训中重理论轻教法的倾向,教师职业技能方面专业引领的不足,这些是导致课程改革中出现诸多问题的重要原因。改变教师的教育理念非常重要,但新的理念不是自然而然地就能转化为新的教学设计和行为的。在这个过程中需要专业技能的支撑,比如如何上好讨论课,如何通过游戏使学生掌握英语的时态,如何使学生通过有趣的活动认识数学的抽象概念,如何让学生通过讨论春游的安排了解人民代表大会的议事程序,等等。新的课程理念只有在这些细节的落实之处才能真正体现出来——这就是我们编写这套《21世纪教学活动设计案例精选丛书》的初衷。

谁是教师职业技能培养的引领者?是那些将自己的热情和智慧奉献给课程改革事业的富有创造性的教师们。南山区的教师们在这方面作出了有益的探索。本套丛书所收集的活动,不同于以往的案例,它是课堂上的一个教学环节,或是一种精心设计的导入,或是一个针对具体的学习任务而设计的小游戏……每一个活动设计都体现了以学生为主体的理念,都已经被教学实践证明是行之有效的好方法。

这套丛书没有依据某一个版本的教材,而是按照课程改革的理念,依据课程标准编写的,这就使得这套丛书具有了普适性,使用任何版本教材教学的教师都可以使用。其中所设计的活动的类型多种多样,宛如一个课堂活动的"超市",教师可以根据自己教学的需要,任意选用和组合。即便是每本书或每个设计,我们也没有强求体例一致,我们想让每个教师鲜明的个性跃然纸上。这套丛书是教师的实用参考书。

当教师们的职业技能逐渐提高的时候,课程改革的事业就会展现出更加绚丽的前景!我们编写本套丛书的目的,是希望为提高教师的职业技能贡献一份力量。我们也期待热心的读者提出宝贵的意见。

目 录

序 ·· 朱慕菊(1)
前言 ·· 禹　明(3)
编者说明 ·· (5)

开题陈述 ·· (1)
　　快乐的选择,新课程的起点 ·· (3)
　　探寻南山文化,采撷名人风采 ·· (8)
　　西丽的交通状况调查 ·· (10)

课题导入 ·· (12)
　　构筑学校健康的体育乐园 ·· (14)
　　Heal the World ·· (16)
　　非典重来时 ·· (18)
　　亲近母亲 ·· (21)
　　我和鸟类做朋友 ·· (23)
　　后海小学,我的家 ·· (25)
　　小叶不"小" ·· (27)
　　我是家庭理财小能手 ·· (29)
　　房屋的寿命 ·· (32)
　　寻找南山风光 ··· (33)
　　认识父亲 ·· (36)
　　Why and how do Shenzhen citizens learn English? ················ (39)
　　人类的朋友——狗 ··· (42)

合作学习 ·· (44)
　　约会凉茶 ·· (45)
　　南荔飘香 ·· (50)
　　茶与健康 ·· (54)
　　保护西沥水库,从我做起 ··· (57)
　　未来汽车展销会 ·· (61)
　　荔枝知多少 ·· (63)

　　纸的秘密 …………………………………………………………（65）
　　我们的绿色学校 …………………………………………………（68）

研究方法 ……………………………………………………………（73）
　　"我的家"问卷调查表设计 ………………………………………（75）
　　面粉新鲜度的检测方法研究 ……………………………………（78）
　　现代人与健康 ……………………………………………………（80）
　　我和书报交朋友 …………………………………………………（82）
　　"桥"的主题探究 …………………………………………………（86）
　　中学生与流行音乐 ………………………………………………（90）
　　探索生命 …………………………………………………………（96）
　　易拉罐事件的晕轮效应 …………………………………………（102）
　　绿色生活调查研究 ………………………………………………（106）
　　生命之源——水 …………………………………………………（116）

社会实践 ……………………………………………………………（119）
　　爱我中华 …………………………………………………………（120）
　　大冲现状调查 ……………………………………………………（122）
　　我们和小树一起成长 ……………………………………………（126）
　　我和鸟类做朋友 …………………………………………………（130）
　　可怕的白色污染 …………………………………………………（132）
　　拥抱自然，走向社会 ……………………………………………（137）
　　小小塑料瓶 ………………………………………………………（143）
　　走进标志世界 ……………………………………………………（148）
　　做美化社区的形象大使 …………………………………………（151）

成果展示 ……………………………………………………………（155）
　　多维的视角、多元的舞台 ………………………………………（157）
　　安全自护我能行 …………………………………………………（160）
　　南山公园设计方案论证会 ………………………………………（166）
　　建国以来我国交通工具发展的研究 ……………………………（169）
　　我为蛇口骄傲，蛇口为我骄傲 …………………………………（172）
　　红树林生态研究及保护 …………………………………………（175）
　　"自由研究"的汇报和探索 ………………………………………（178）
　　2008 心系北京，心系奥运 ………………………………………（184）

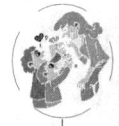

开 题 陈 述

【课程描述】

综合实践活动是基础教育课程改革过程中出现的一门综合性强、实施难度大的新课程,实验教师在实施课程过程中缺乏现成的经验和模式。如何体现新课程标准精神,使之成为能够促进学生综合素质发展的一门新课程?这需要广大实验教师对课程进行整体规划,即指导学生进行"课题选题"、"课题导入"、"学习研究方法"、"社会实践"以及"学习成果汇报"。尤其是课程内容需要充分尊重每一位学生的选择,让学生按照自己的兴趣和要求参与相应的学习活动。如何进行课题"开题"就显得格外重要了。

首先,开题是指教师将本学期确定的课题内容、意义、实施途径以及实施效果向学生们进行阐述,激发他们参与课题研究的积极性。

其次,开题之前在学校开展一次大规模的调查很有必要。学生到底喜欢什么样的课题?什么样的事情让他们最感兴趣?学生们通过问卷调查可以思考自己感兴趣的课题,教师再将学生们的选择意想呈报给每一位指导教师。指导教师根据自己的爱好和特长确定本学期将带领学生研究的活动主题,这样,每一位教师的指导课题就应运而生了。但是,学生是否真的喜欢指导教师所确定的课题?因此,教师需要进行开题陈述,让学生进一步了解每一个课题的内容、意义、实施途径,从而给学生选择自己喜欢的课题的机会,使每一个课题内容尽量满足学生的需要。

最后,开题陈述会可以邀请部分社会人士以指导教师的身份参加,向学生宣传、介绍相关的专业知识。

开题陈述会彻底地改变了过去由固定教师用固定教材教固定学生的模式,真正实现了学生选教师、选课程的理想状态,同时展示了教师教学的基本功底,激发师生共同开发课程的信心。

【开题内容】

1. 开题陈述可以根据学校规模、教师特点、学生情况运用不同的方式进行。

(1)以全校为单位;

(2)以年级为单位;

(3)以班级为单位。

2. 陈述会之前,学校教师可以就立题进行如下的思考:

(1)课题内容立足于教育部"四大领域"和深圳市南山区综合实践活动课程内容,即"六大主题轴":"国际理解"、"资讯科技"、"健康安全"、"环境保护"、"社区参与"和"生活经营";

(2)课题操作围绕学生与自然、学生与社会、学生与自我三条线索;

(3) 课题突出研究性学习方式。

3. 一切基于学生的兴趣与发展

(1) 教师立题要关注学生的兴趣、学生的经验以及学生的现实生活。

(2) 教师立题要考虑学生的实际情况。课题是否基于学生已有的知识与能力？是否能够帮助学生了解他人和社会？是否能够提高学生读、写、算等基本知识与技能？是否能够提供充分展示多元智力潜能的机会？是否能够鼓励学生在学校外寻找资源的来源？是否能促进学生与父母之间的沟通？

所以，每一个课题要在对学生的问卷调查基础上来确立研究范围。

4. 立题后写出开题教学目标、教学计划、教学方法、教学思路，经课题专家组审查等准备活动之后再对全体学生进行课题陈述。

5. 课题陈述会要求每位上台陈述的教师在陈述的过程中运用多种形式：叙述型、谈话型、图片展示型、音像激趣型、表演型等。

快乐的选择,新课程的起点

【活动背景】

一年之计在于春,一课之行在于始。如何开好这门课?怎么才能实现课程促进学生的持续发展?基于综合实践活动课程的特点和学生发展的需要,北师大深圳南山附中将尊重每一位学生的兴趣与选择放在首位,改变了过去由固定的教师用固定教材教固定学生的教学模式,强调所有学生都是自主学习的主人。学校有固定的课时,实施全员参与、全校行为、走进课表的操作路线,使教师广泛参与综合实践活动课。由此,定好题、开好头成为召开综合实践活动开题陈述大会的初衷。

【活动设计】

2003年3月12日下午2:30,在绿荫萦绕的北师大深圳南山附中多功能厅的报告厅里,八年级综合实践活动教师的课题陈述报告会拉开了序幕。

进行课题陈述的教师依次登台,以各自独特的方式,展示着自己所确定的课题的意义、作用和特点:有的声情并茂,有的用动画解析,有的音像结合……精彩而丰富的画面、悠扬而动听的音乐配上教师们诚恳又幽默的语言,赢得了在座学生们阵阵的喝彩与掌声。

探索市场销售的秘密

指导教师:范翠玲 蔡泽慧

师:同学们,你们知道肯德基是怎样打进中国市场的吗?你的亲人和朋友会做比肯德基更好吃的鸡翅吗?如果会,那么他们的产品为什么不可以走向市场,赢得大家的喜欢呢?

你想知道一种普通的家乡鸡是怎样在全世界赢得大家喜欢的吗?

你想知道可口可乐在第二次世界大战间是如何向全球扩张自己势力的吗?

你们知道摩托罗拉手机吗?想了解它是怎样抢占手机市场的吗?

一种普通的饮料,创下了年销售额上亿的利润,娃哈哈饮料是怎样走向市场的?

生(回答):想知道。

师:让我们一起来探索好吗?

生(大声回答):好!

师:参加我们的课题,要做好以下的思想准备(投影)。

1. **出色的口才**

2. 得体的礼节

3. 不可缺少的能力:洞察能力,社交能力,应变能力。

师(鼓励):有的同学担心自己没有这样的能力,没有信心参加,不要怕,老师就是要帮助你们,使你们成为这样优秀的人才,相信通过参加我们的实践活动课,你们会在各个方面都有很大的收获。我这里有一件产品,大家看一看是什么东西?

(出示事先准备的枣片,其包装很像香烟的包装。接着教师给学生讲一个故事。)

师:那是我在外地的时候,有一次,我来到班里,看到一些男生围在一起。看见我进来了,一个男生连忙把一样东西藏进了衣袋里,我以为是他们在抽烟,就很生气地走过去,要他们交出来,可是,他们就是不交,很坚决地和我抵抗着,我很生气,也很奇怪,平时,他们不是这样的啊,今天他们怎么了?

这时,我看到有的学生在偷偷地笑,我明白了,他们在和我开玩笑,于是我说:一定是好吃的东西吧,快让我看看。

果然是好吃的东西,是什么好东西呢?

下面,就请蔡老师给大家发一些,请大家品尝。

(教师给学生发食品)

师:同学们,你们想不想为它设计广告并且拍成广告片呢?你们想不想和我们一起把它打入深圳市场呢?你们想不想通过它来了解市场销售的秘密呢?

我们的综合实践活动课的目标是:

1. 引导学生了解市场,了解产品进入市场的方法和渠道,学习市场调查和推销产品的一般方法;

2. 让学生学会与社会工作人员打交道,提高交际能力;

3. 培养学生在市场调查和推销产品的过程中应对各种挫折和困难的勇气。

师:如果你是一个大方开朗的学生,那么,请跟我来,这里有你施展自己才能的舞台。

如果你是一个性格内向、胆怯的学生,那么,请跟我来,这里可以使你得到很多的锻炼机会,使你成为一个很有能力,很有魄力的人。

如果你是一个有领袖欲望的人,那么,这里可以挖掘你的潜力,你就有可能成为一个大公司的老板,经营着属于自己的公司。

我们的口号是:要做就做到最好,步步高!

法 驻 我 心

指导教师:北师大深圳南山附中　王　玲　宋剑虹

师(上台陈述):

尊敬的领导、敬爱的老师、亲爱的同学们,大家好。

现代社会纷繁复杂,法律与我们的生活息息相关。我们从小要关注社会的发展,关心我们的生活环境。请同学们观看大屏幕:这是一个"法"字。我们今天要开的课题是"法驻我心"。希望有兴趣的同学参加本课题,要积极主动。所以,我这里向同学们提个条件和要求:参加课题的同学一定具有"五心",即要有爱心、热心、关心、耐心、恒心。热烈欢迎你们的加入!

课题计划如下:

1. 观摩法庭审判。让同学们感受法庭气氛的威严和神圣,感知法律的严明。用我们的眼睛去见证违法的真实现场。

2. 找案例(与青少年犯罪有关的案例)。

3. 学会分析案例(去了解法律量刑的准确)。

4. 探究青少年犯罪的原因,如单亲、暴力、缺少爱、缺乏经济来源等等因素。

5. 了解青少年犯罪的特点。

6. 了解怎样预防青少年犯罪。

7. 分析青少年犯罪的心理。

8. 演绎模拟法庭。

9. 找机会去参观监狱,与少年罪犯者交谈,获取最真实的资料。

10. 在校园内,大力开展法制活动,让课题组的同学充当法律小顾问。

师:本课题为同学们的自我表现提供很多机会。请大家踊跃参加!

带你周游世界

指导教师:北师大深圳南山附中　李　源　谢毅芳　胡保海

师(陈述):

老师们、同学们,下午好!

你们熟悉这段音乐吗?(电影《泰坦尼克号》主题曲的音乐响起)此时,你们的眼前一定会浮现出在那冰凉的海面上,男女主人公生离死别的场面。在凄美的音乐声中,"梦幻之船"沉了下去,悲壮而又感人的爱情故事却留在了露丝和观众的心里。

在"带你周游世界"活动中,我们将和同学们一起去共同欣赏世界各国经典文艺作品中,那些让人潸然泪下的真挚情感。

(切换世界地理杂志画面)接下来展现的画面将是"带你周游世界"中世界风情、民俗文化、地理知识、历史背景、海洋生物等内容的片段。我们对自己生存的地球一直怀有极大的兴趣,不同的人们关于世界有着不同的认识。印度人认为世界是由一只站在龟背上的大象驮着的,西亚人则认为世界是浮在海洋上的半个球,而我们中国人也有自己的"天圆地方"之说。随着科学探索的不断深入,人类认识能力不断提高,人们对世界的认识也不断地深入。我们选定这个题目的目的,就是想带领同学们在课堂学习之外,真正放松身心。在我们的课题活动当中,不仅要欣赏文学、艺术作品,更要在感受领略世界各地的人文景观的同时,学会合作,敢于展示。

无论名片名著,还是名山名水,"带你周游世界"就是想带你到世界各地感受生活之美,自然之美,并把自己真实的思想与大家共享。请同学们踊跃加入课题研究活动吧!

话剧的欣赏与实践

指导教师:北师大深圳南山附中　杨碧蓝　赵　唯

师(陈述):

同学们,老师们,大家好!

对于"话剧的欣赏与实践"这个活动来说,我想同学们并不陌生,我们北师大深圳南山附师在一年前就已经轰轰烈烈地开展起来了,那么有谁还记得中国儿童艺术剧院(以下简称中国儿艺)在我们这里演出《马兰花》的盛况呢?

(学生举手)

记得有一位著名的哲学家曾经说过:人生就像一场戏,每个人都要在这场戏中扮演不止一个的角色。的确,每个人在社会中每时每刻都可能担任完全不同的角色。

师(问):谁知道一个人在社会中需要扮演哪些角色呢?

生(答):对父母担任子女的角色,对子女却又担任父母的角色,对同学扮演同学的角色,对老师扮演学生的角色,对上级扮演下级的角色,对同级扮演同事的角色,对下级又扮演着领导的角色。

师:好!而戏剧就是把生活这出绚丽多姿、丰富多彩的戏搬上了小小的舞台。大家一定还记得在风华影剧院观看中国儿艺演出的《月光摇篮曲》吧?

(屏幕出示当时录像片段)

师:我们深深地被剧情和演员的表演感动,不少同学还潸然泪下。我们情感和灵魂得到了一次洗礼,由戏剧了解广阔的生活,思考自己的人生,更加热爱我们身边的人。经典的戏剧不仅让人醒悟,甚至还影响了整个社会和世界。如在挪威戏剧家易卜生的《玩偶之家》中,(屏幕出示图片)主人公娜拉庄严声称自己是一个人并毅然走出了家门,这对于五四时期的中国青年影响很大,娜拉成为他们崇拜的偶像,激励他们勇敢追求人格独立和个性解放。莎士比亚则以他的剧作,大胆地批判了封建制度的残酷黑暗及对人性的禁锢,强烈反映了新兴的资产阶级希望建立新型的社会关系和伦理思想的要求,为人文主义在英国乃至世界的传播起了巨大的推动作用。曹禹的一部《雷雨》(屏幕出示图片)暴露了具有强烈封建性的资产阶级家庭的罪恶,人们可以从中看到中国半封建半殖民地畸形社会的某些侧面。这正是戏剧的魅力所在。

我们大家景仰毛泽东的文韬武略,也为周恩来的儒雅风度所折服,你们知道吗?周恩来总理在南开中学上学时就是学校话剧表演的骨干,他们在校园内编剧本,演名著;美国前总统里根是从好莱坞演员走上总统的从政之路,新当选的美国加州州长施瓦辛格也是国际影星,你能说他们的人生修养和领导才能没有得到戏剧表演的熏陶吗?许多著名演员曾也是活跃在校园内的文艺骨干,他们能在众人中脱颖而出,不正是从小在校园舞台上培养出来的勇敢和自信吗?不少演艺界人士纷纷写书立传,很重要的一个原因是表演生涯丰富了他们的人生,让他们的人生更为精彩。

基于这些思考,同时根据同学们对舞台艺术的兴趣和渴望,以及同学们身上潜在的非凡的表演才能,因此我们特别为喜爱表演的同学选定了这个课题。"剧欣赏与实践"活动课将开展名剧欣赏、剧本创作、舞台表演等丰富多彩的活动,为同学们提供现场话剧观摩的机会,开展校园剧、课本剧、小品、相声等的创作和演出,将邀请中国儿艺的知名导演进行艺术指导以及深圳大学艺术学院的演员与大家交流。我们的目标是:自编自导自演我们的多彩人生。况且我们学校已经有了很浓厚的戏剧艺术氛围,两年前就开始与中国儿童艺术剧院合作成立了学校的"海风"戏剧社,在刚结束的深圳市少儿艺术花会上,我校的戏剧《你是谁》、《第八块口香糖》分获金、银奖。很多同学在舞台上的表演赢得了中国儿艺专家的赞许和认可,"海风"戏剧社还成为了南山区的戏剧基地。

话剧源于生活,高于生活。社会这个大舞台为我们提供了各种各样的角色原型,各种各样的情节。戏剧表演就像在看一本书,看一本由自己担任主角的书,相信在以后漫长的人生旅途中你都不会忘记用生活去表演话剧,用话剧去描绘生活。你希望成为这美妙舞台上的精灵,在这舞台上演绎多彩的人生,用自己的热情与汗水,尽情地舞动,尽情享受着只属于你的美丽人生吗?如果你想在舞台上实现你自己的梦想,你想在舞台上演绎你丰富的人生,你想和我们一起去编织生活,营造未来,那就请对话剧感兴趣、有一定表演天赋的你拿出勇气,拿出热情,参加我们的"话剧欣赏与实践"的综合实践活动课题研究,相信你的艺术之路就在你的脚下!

欢迎同学们踊跃参加我们的课题!

【活动反思】

在隆重的开题仪式上,"生活中的数学"、"吸烟的危害"、"中国服饰的发展"、"音乐与街舞"、"关于人人乐超市与沃尔玛超市竞争与发展现状的调查"、"摄影与生活"、"早餐与生活"、"如何建构网页"、"影视精品回放"、"中奖机会有多少"……精彩纷呈的课题令学生们眼花缭乱,应接不暇,他们认真地听着,记着,默默地比较着,选择着。开题仪式结束后,大家马上投入到热烈而谨慎的选择中,在自己喜欢的教师、课题栏目中愉快地填上了自己的姓名。对于学生们很少青睐的选题,学科组则坚决予以去除。因此,开设的课题真正实现了从学生中来,到学生中去,学生自己选教师,自己选课程,成为真正意义上学习的主人。

通过综合实践活动开题陈述会,我们深切地感悟到:新课程环境下新的教学方式已毋庸置疑地向我们走来。通过陈述会,师生们对实施课程满怀激情,虽然无教材,无经验,但我们有决心开发好这门新课程,从而充分挖掘和展现我们的创造能力。试想,学生们能够自己选择课题,上自己喜欢的课、接受自己喜欢的老师的指导,能够与志趣相投的同学合作学习,有谁不高兴呢?

当然,开题陈述活动过程中还存在一些问题,例如,少数学生选题的从众性强,导致两次课后的感觉不适应而要求改题,还有个别教师由于陈述前的准备工作不充分不完善,从而表述不够精彩而导致部分对该课题有兴趣的学生改选其他课题。所以,教师的陈述准备工作一定要做好,并且在学生选择前做好其心理指导教育,如此,综合实践活动课的开题陈述必将为综合实践活动课这个教育新领域有效地顺利地进行做好开路先锋。

(北师大深圳南山附中　刘一民)

探寻南山文化,采撷名人风采

【活动背景】

今日深圳南山的欣欣向荣,是南山经济型文化的沉淀与升华,是南山无数开拓型建设者用他们的汗水与智慧浇灌而成。其中,涌现了一个个创业的急先锋,各行各业的理家能手,他们为南山的今日腾飞贡献出自己的青春和智慧。为了让学生增强对家乡的自豪感,树立立足家乡,走向世界,为国争光的远大志向,并激励他们向名人学习,为深圳乃至中国更辉煌的明天而刻苦努力,特设计了本活动。我相信学生们将在南山文化和经济发展的洪流中追寻名人的足迹,采撷名人的风采。

【活动准备】

1. 现代深圳文明繁荣面貌及美丽风光 CD 片。
2. 南山区著名高科技产业、文化教育、旅游景区等相关视频资料。
3. 名人的雕像画面及激越自豪的背景音乐等。

【开题陈述】

师(陈述主题):

老师们、同学们,大家好!

瞧,这就是我们的家乡,一座现代化、国际化、花园式的城市——深圳!

(视频演示深圳繁荣的面貌,让学生了解到深圳是一座年轻而美丽,文明而时髦的城市。教师接着用视频重点展示南山区的现代化建筑及全貌。)

深圳南山区因美丽的"南山"而得名,它不仅具有悠久灿烂的历史文化,而且紧扣时代的脉搏,充满现代化的青春气息,南山三个基地,一个中心的定位,在高科技产业、教育、旅游、物流等方面都有相当的规模、成就和特色。

(教师具体列举说明。)

深圳南山今日的欣欣向荣是用南山无数开拓型建设者的汗水与智慧浇灌而成。其中,更涌现了一个个创业的急先锋,各行各业的理家能手。如:南山村走出了一位共和国部长陈郁爷爷;被誉为中华名医协会国际专家,蛇口人民医院中医科主任,兼任中华名医协会理事的王文涛医师;现任深圳市南山区政协主席、中国国际书画艺术研究会理事的黄水桂爷爷……

大家想不想去回顾一下历史,看看这些南山名人如何在困境中谱写自己壮丽的人生篇章呢?那么让我们去当当小"考古家",参观名人的故居,去追寻名人的足迹;让我们去当当小记者,与名人面对面,采撷捕捉名人的风采;让我们去当当小作者,写写我们眼中的名人故事；让我们去当当小画家，画出我们心中的名人形象；让我们去当当小梦想家，今日看名人，明日当南山建设先锋……

同学们，让我们怀着崇高的敬意和满腔的激情，去走近名人吧！今日，我们仰视南山建设的功臣，学习他们的可贵精神；明日，我们力争做得更好，做新世纪的中国名人，编织更加璀璨的明天！

希望同学们积极参加这个课题研究活动，相信大家一定会有很多意想不到的收获。

【活动反思】

良好的开题陈述是顺利实施综合实践活动的开路先锋。教师在陈述该课题时，立意激发学生的爱国主义情感，激励学生去走近名人，了解名人，学习名人。在陈述中表明课题活动形式力求多样，着力培养学生自主探索和相互协作的精神，提高学生的综合实践能力，使学生对活动充满信心。

不过，教师如果放手让学生自主收集相关材料，再以展示会的形式让学生来交流信息，不仅会锻炼学生收集、处理、解说信息的能力，而且学生的积极性会更高，可能效果会更好。

（深圳市南山小学　朱萍）

西丽的交通状况调查

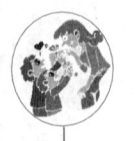

【活动背景】

这个学期,学校的校车停止营运了,自此很多住得稍远一点的学生每天不得不坐370路大巴上学,要不就要骑自行车上学。不管坐车还是骑车的学生,他们每天上学时不方便的感受一定很深。设计本活动,旨在通过活动让学生学会进行社会调查,掌握新的学习方式;认识各种交通图标,从小遵守交通规则,自觉维护交通规则;培养懂得关爱自己、关爱他人的健全人格。此外,交通安全作为实施深圳市净畅宁工程的重要组成部分,开展该项主题为综合实践活动的内容,具有深远的教育意义和实践意义。

【活动准备】

教师事先拍摄有关西丽交通状况的录像:交通大堵塞场景、行人不遵守交通规则引起的交通意外事故场景以及交警在指挥、疏导交通的场景。

【开题陈述】

教师:交通安全关系到千家万户,深圳作为一个移民城市,外来人口占绝大多数,有一些外来人员交通安全意识淡薄,不遵守交通规则,从而造成了许多本不该发生的发人深省的意外交通事故。尤其在我们西丽片区,这几年人口增长很快,交通配套设施也因此存在严重不足,而且有许多外来人员从封闭的山村里出来,他们对交通规则了解很少,因此西丽的交通形势越来越严峻了,也制约了西丽经济的进一步发展。

师(播放西丽交通状况的录像):接下来要展示的画面就是在西丽道路上拍摄的录像片断,我们对自己生活地方都怀有极大的兴趣,那么你们想知道是什么原因造成西丽的交通如此混乱和拥塞吗?同学们,你们想不想走出去实地考察一番?想不想找到造成西丽交通混乱的原因呢?

教师向学生宣读本次综合实践活动的目标:

1. 使学生初步了解交通规则的基本知识;了解一些道路常识,认识常见的交通标志。

2. 让学生接触社会,增强社会交往能力、语言表达能力,锻炼学生收集信息和归纳整理信息的能力,培养学生团结协助的精神。

3. 培养学生从小遵守交通规则,提高道路上行车、行走时的自我保护能力,形成关爱生命的思想意识。

师:这里是施展自己才能的大舞台,这里可以使你们得到很多锻炼的机会,使你们成为一个有能力有胆识的人。让我们走出教室,到大自然去感受生活之美,并把自己的想法与大家共享。

希望同学们积极参加本课题活动。

【活动反思】

综合实践活动要突出"活动"、"实践"的课程特点,强调学生亲身经历社会实践活动,要激发学生积极参加到各种活动之中去,体现学生活动的自主性、实践性;引导学生开展丰富多彩的实践性活动,帮助学生学会发现问题、学会探究、学会实践;引导学生自觉地把直接经验学习和间接经验学习相结合。

(深圳市留仙小学　张子文)

课 题 导 入

【课程描述】

"课题导入"如同一篇文章的开头,对激发学生的求知欲,吸引学生的学习注意力起着重要的作用。课题导入设计得巧妙合理,就能激发起学生参与课题研究的兴趣,使他们产生直接的学习动机。同时精妙的导入设计还能唤起学生的想像力,激发学生的创新意识,促进学生多元智力的发展。

课题导入是综合实践活动课程开发和指导过程中的一个必不可少的环节,是产生课题、制订方案和开展实践活动的前提条件;综合实践活动课题的导入与其他课程的导入既有一些相同点也有区别。其他课程只是为了引出新知识,激发学生的兴趣,让学生了解新旧知识间的联系而在一节课前面几分钟开展的教学活动;综合实践活动课题导入的时间可以是十几分钟,也可以是一节课。教师通过课题导入,要让学生明白所研究的课题的意义、目的和自己在学习活动中的具体任务以及开展活动时所需要做的准备工作、研究方法和其他条件。

课题导入的"导"就是引导,目的是把学生的注意力集中到所要研究的课题上,并对它产生浓厚的兴趣。"入"就是将学生引入课题研究的过程。因此在导入过程中应该注意几个问题:(1)课题导入要有趣味性,能够充分激发学生的学习兴趣;(2)课题导入要有启发性,能够充分启迪学生的思维;(3)课题导入要有愉悦性,要充分触发学生的情感;(4)课题导入要有新奇性和多变性,能够充分刺激学生的大脑活动;(5)课题导入要有直观性,能够增强学生的感性认识。

课题导入所采取的方法根据所研究的内容而有所不同,这里介绍几种常见的导入方法。

1. 引趣导入法。利用学生感兴趣的一些学习内容与形式,如儿歌、谜语、故事等吸引学生,激发学生积极去思考。

2. 问题导入法。通过设置与课题研究相关的问题,引导学生讨论,使学生在解决问题的过程中确立课题研究的目标和方向。

3. 讲解导入法。教师通过对课题的背景、社会价值、特点等方面的直接讲解,给学生一些初步的知识准备,以保证课题研究的顺利进行。

4. 情境导入法。教师通过录像、投影、幻灯、图片、游戏、语言的手段,创设充满趣味的情境,激疑引思,让学生很自然地进入课题研究的最佳状态。

5. 悬念导入法。教师设置悬念,或者引导学生提出问题,并不急于解决,使学生产生强烈的求知欲望。

6. 激励导入法。教师选择利用相关的名人名言名事激发学生课题研究的热情,运用情感的力度去感染和感动学生,激励和鼓舞学生,引导学生对课题研究产生良好动机。

  7. 实验导入法。教师从实验入手开阔学生探究课题的视野,引导学生积极思维,寻求课题研究的方法和解决问题的途径。

  8. 观察导入法。教师直接将学生带入课题研究将要进行参观、调查的活动环境,指导学生学会观察,提出相关问题,在归纳问题的过程中产生课题,制定课题方案。

构筑学校健康的体育乐园

【活动背景】

正值世界杯足球赛在韩国举办的时候,各种媒体对体育信息的传播引起了学生对体育运动的强烈关注,由此学生们提出了研究体育运动这一课题,最初师生将之定为《生命在于运动》,但在讨论的过程中,学生们觉得这个题目太大,于是在教师的指导下,他们将课题缩小为《构筑学校健康的体育乐园》。因为目前许多学校都是高层教学楼,学生下课后没有比较空旷的地方活动,只能在拥挤狭窄的走廊或摆放着密密麻麻课桌的教室活动,稍不小心,就会有人受伤。教师试图引导学生通过调查、了解、设计,寻找解决现实生活中的问题的办法。

【活动准备】

1. 教师准备两段录像,一段是世界杯足球赛的录像,一段是有关运动与健康的纪录片录像。

2. 学生收集有关体育运动的媒体报道。

3. 学生准备记录本。

【导入过程】

一、情境激趣

师:世界杯足球赛正在韩国紧张而激烈地进行,很多同学课间都在谈论这件事情,表现出极大的兴趣,老师为同学们准备了一段精彩录像,请大家欣赏一下。

(播放世界杯足球比赛录像,创设情境,激发学生的兴趣。)

二、谈话揭题

师:同学们,你们刚才看了录像,有什么感受?

(学生举手回答。)

师:是的,精彩的比赛场面可以给予我们许多感受,但是我觉得最主要的就是它向人们展示了生命的活力,显示出生命的力量。所以人的生命在于运动。

揭示课题:生命在于运动。教师再播放一段健康类的纪录片,让学生初步感知运动的重要性。

三、自由质疑

学生自由交流对"生命在于运动"的认识,然后各自提出问题。他们把自己想知道和想探究的问题都写在黑板上,在教师的指导下进行归纳,最后形成五个问题:(1)运动有什么意义。(2)运动哪些种类。(3)各种运动的起源。(4)我国体育运动的发展。

(5) 未来世界运动的方式和工具。

四、讨论修正

师(引导):我们在讨论中形成了五个主要问题,请大家看一看,解决这五个问题我们能做些什么?

(学生议论。)

师:看来,我们除了查资料,了解一些知识外,很难做什么事情,因为它们与我们的实际生活有一段距离。所以我建议大家对我们小学生的体育运动状况进行调查研究。

(学生在教师的指导下开始讨论与自己息息相关的各类运动现状,最后把研究范围缩小到校园,重新确定研究方向。最后课题改为《构筑学校健康的体育乐园》。)

师:现在上面的五个问题变成了四个研究内容:

1. 运动与人的健康的关系。
2. 学生运动状况的调查分析。
3. 学校体育设施和体育活动开展情况调查分析。
4. 未来学校体育乐园的构建。

五、分组实施

根据上面提出的四个问题,由学生自愿选择一个自己感兴趣的问题,把有同样兴趣的学生集合到一起,就把学生分成了四个小组,每个小组选举一名组长,由组长带领制定活动方案。

【活动反思】

在这节课题导入课上,教师采用了情境激趣导入的方法,结合当前社会普遍关注的热点吸引学生,极大地激发了学生的学习兴趣。在整个课题导入过程中,教师始终坚持由学生自主选择、自主探究,并把一些抽象的问题引入学生熟悉的生活世界,让学生在体验中探究,充分张扬了学生的个性。同时,教师特别注意学生的自主建构,激发学生提出课题后思考从哪些方面入手研究;先由学生自己提问题,教师再进行归纳、指导,由此培养学生的问题意识。最后,教师带领学生一起整理问题,与学生一起总结出归纳问题的方法。

(深圳市留仙小学　张光富)

Heal the World

【活动背景】

世界很大,也很小,世界上各个角落发生的重大事件如战争、艾滋病等天灾人祸时时刻刻通过报纸、网络等渠道显示在我们每一个现代人的面前。我们不仅仅是中国公民,也是这个日渐变小的世界里的一个地球人。面对纷繁复杂的现代社会,如何才能使学生成为一名"事事关心"的世界公民,为地球——我们这共同的家园的和平与发展尽一份心意呢?

【活动准备】

1. 教师准备录像片段:Michael Jackson 的《Heal the World》的 MTV 及英文歌词。

2. 教师收集有关环境的漫画及国际时事图文资料。

3. 以 World(世界)、Current Affairs(时事)等为关键词,让学生收集相关的时事新闻图片、文字及音像资料。

【导入过程】

1. 欣赏英文 MTV,创设情景氛围,师生初步感受世界现状:

师:大家知道美国歌手 Michael Jackson 吗?欣赏过他的音乐作品吗?

(学生回答。)

师:作为南山外国语学校的学生,大家的英语水平的确很不错,今天,我们就来欣赏 Michael Jackson 的:《Heal the World》的 MTV。

2. 师生围绕录像内容,进行互动讨论,为活动的深入拓展建立情感基础。

(1) 师:欣赏完这首《Heal the World》,哪些内容让你感触最深?

(学生回答。)

师:是的,大家都被感动了。因为,歌曲所反映的内容,就发生在我们所生活的这个世界,我们所看到的,有因为战争而无处读书的伊拉克儿童们,有因为战争而无家可归的普通百姓,有因为战争而被迫离家离国的士兵。

师:看这首 MTV,我们的心,既是忧伤的,也是充满希望的。为什么?

(学生各抒己见,表达观看 MTV 之后的感想、感受。)

师:片中的每一个人,都是渴望和平的,正如歌词所说,make it a better place for you and for me,每个人都渴望为你、为我,为世界上的每一个人建造一个和平、美丽的世界。我们看到录像中一双大手将地球捧起,为地球贴上创可贴。人们用什么样的行为才能为这个世界疗伤?

生(回答):我们可以用歌曲、电影、演讲等方式去唤醒人们,为灾民募捐等。

师:歌曲名称为《Heal the World》,这个世界所受的创伤,仅仅是战争带来的吗?

(学生讨论发言。他们认识到地震、旱涝等自然灾害,沙漠化,水土流失等造成家园的毁灭,还有艾滋病、疯牛病等疾病侵害人类。同时,学生通过实物投影等方式,呈现各种课前收集的各种图文资料。)

(2)教师同时补充有关的环境漫画、时事图文资料等。

3. 小组讨论分工,自主选择活动方式,体现世界小公民对世界的关注参与。

师:面对这一切,我们不禁要感叹这个世界到底怎么了?有人因此悲观地说,这是个正在堕入地狱的世界。

师:我们作为这个世界的一个小公民,又应该以怎样的方式去面对这个世界?现在我们分组讨论,以"Heal the World"为活动主题,选择一种小组活动方式,例如诗歌创作及朗诵、漫画(包括静态和动态漫画)的设计、舞蹈或小品的创作与表演、为贫困山区孩子捐款捐物等,同时制订具体的活动计划,包括活动展示时间的确定等。

【活动反思】

教师紧密结合南山外国语学校学生英文基础好,关心国际时事这一实际情况,通过欣赏英语MTV,以英语这一世界语言的应用为切入点;同时通过呈现各种环境漫画及时事资料等为学生创设一个生动、形象的教学情景,极大地激发了学生的学习动机,提高了学生的学习兴趣;在此基础上,教师要求学生按照自己的爱好、特长,以小组合作的形式自行选择并设计一种活动方式,例如诗歌、漫画、小品、小论文等来表现作为一个世界小公民对这个世界的关注与责任,也为学生充分彰显个性提供了一个舞台。所以,此课题导入过程,既注重了激发学生的个性,也锻炼了学生的协作能力。

(深圳市南山外国语学校 罗艳惠)

非典重来时

【活动背景】
又到了金秋十月,可是这个十月让人感到一种不安和担忧:国际卫生组织预言非典极有可能在 2003 年 11 月卷土重来。为了化被动为主动,为了让学生配合教师积极地开展预防非典的工作,特设计了"非典重来时"综合实践活动,通过本活动让学生学会制作调查问卷、进行社会调查,并积极备战非典。

【活动准备】
1. 教师准备两段录像:一段是非典的传播方式,一段是预防非典的方法。
2. 教师设计三道关于锻炼身体的问题,对学生进行现场调查。
3. 教师设计一份卫生习惯的调查问卷,并对二十个人进行调查,进行调查分析。
4. 学生回忆今年五月份学生开展的非典进行时综合实践活动,重温防非典的知识。

【导入过程】
一、回忆非典日记
师:不知道同学们还记不记得今年的春天我们是怎么度过的?请同学们和我一起读一读今年五月份学校的有关预防非典的晨检记录。

二、谈话揭题
师:我们都不希望再过一个类似的秋天或者冬天。可是随着秋季的来临,国际卫生组织预言非典极有可能会卷土重来。我们的同学升旗的时候站上十分钟就会呕吐、晕倒,有的同学上体育课的时候跑上一圈就大汗淋漓跑不动了,甚至有的学生到老师办公室来交作业都会揉着手喊累。这样的体质能抵抗非典的侵袭吗?

三、学习制作调查问卷
教师(引导):老师知道,同学们一定能说出许多锻炼身体的道理来,可是光说是没有用的。我现在就要调查一下你们做得怎么样了。来,谁愿意接受老师的小调查?

小调查:
1. 开学以来除了上体育课以外,你还参加了哪些体育锻炼?
A. 球类　　B. 跑步　　C. 爬山　　D. 其他运动　　E. 没有参加
2. 你每周参加几次体育锻炼?
A. 1～2 次　B. 3～4 次　C. 5～6 次　D. 不参加
3. 你每次体育锻炼的时间是多少?

A. 10～20分钟　　B. 30～40分钟　　C. 50～60分钟　　D. 60分钟以上

接着，教师启发学生思考相关的问题，请学生依照教师提出的问题自己设计一张体育锻炼情况调查表，看一看谁设计得最好。

教师选择2～3个学生展示所设计的调查表，并给予适当的评价。

师：同学们真聪明，一学就学会了，做得真棒！回家后，大家就用自己做的这份问卷调查一下自己家人的锻炼情况吧。不过老师要提醒大家，运动并不是越多越好。就象我们做吃东西一样，不吃不行，吃多了也不好。下面就让我们一起来看一看老师从网上找来的两篇有关运动量的文章，看看我们每天应该保持多大的运动量才能达到最佳的效果（提示每次锻炼30到60分钟）。同学们如果想知道更多有关体育锻炼的知识就可以到网上去查一查，而且最好把你查到的资料介绍给大家。

四、学习统计卫生习惯的调查

师：好了，大家对锻炼已经有了一定的了解，可是光有好的身体就能百病不侵了吗？我们还要注意哪些问题呢？首先要养成好的卫生习惯。老师上个星期五发了一些调查问卷你们完成了吗？老师也作了一个小调查，请大家看大屏幕，看看老师的调查情况：

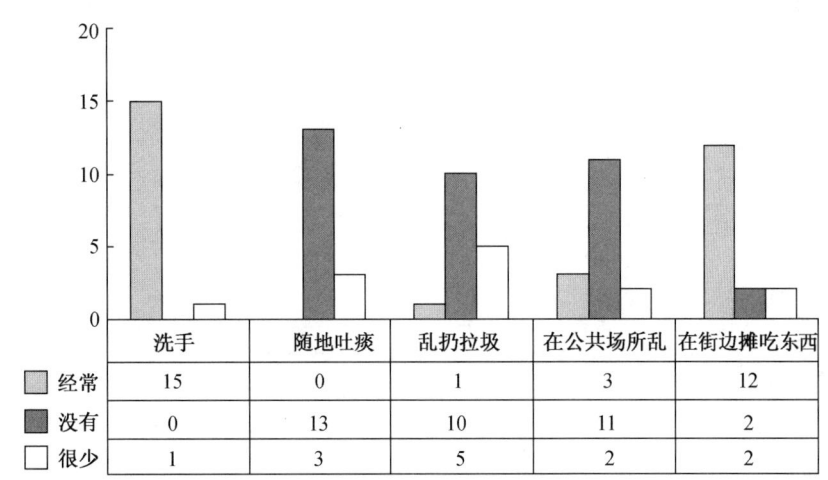

（发出问卷20份　收回问卷16份　回收率：80%）

师：可见，大部分的人都有勤洗手、不随地吐痰、不乱扔垃圾、不在公共场所乱摸的好习惯，但是还有很多人会在路边摊上吃东西。讲卫生应该"由我做起"，不在路边摊上吃东西，并宣传饮食卫生的知识，让其他人也不在路边摊上吃东西。

（在这里教师要请学生注意的是：① 统计的数据要真实、确切。② 在统计之后应该得出一个结论，这个结论才是统计的目的和意义所在。）

五、讨论预防非典的方法

师：这是同学们第一次制作统计表，能做成这样老师已经很满意了。接下来，老师要请大家看一个短片，在看的时候你们要思考一个问题：我们应该如何有针对性地预防非典？

六、我们能做些什么？

学生在做非典进行时的课题研究时，通过各种媒体获取了很多与非典相关的资料，写了很多信给医生、护士、小朋友、军人等，制作了宣传如何预防非典和应对非典疫情的

手抄报和剪贴报,还分析了非典的利弊。教师引导学生思考假如非典又要来了,我们现在应该做些什么？或者说我们现在可以做些什么？

七、布置任务

教师让学生根据自己的爱好和特长确定想要调查研究的方向,课后全班学生分成五个小组,选出小组长。小组长要负责组织组员一起制定出本小组的调查方案、研究计划,并结合每个组员的实际情况订出个人所要达到的目标。

【活动反思】

在本节活动课上,教师以学生已有的知识为切入点,引导学生寻找预防非典的方法,教学符合学生由已知到未知的认知规律。在教学过程中,教师让学生自己制作调查问卷、进行数据分析,既进行了知识的学习又掌握了学习方法,充分体现了学生学习的主体性,调动了他们的学习兴趣。学生在讨论中确定可以从哪些方面入手进行研究,以何种方式进行成果展示,培养了学生的问题意识和解决问题的能力。

(深圳市月亮湾小学　吴　琼)

亲 近 母 亲

【活动背景】

现在的小学生多为独生子女,他们缺乏爱心教育,很少对父母有一份感恩的心。在母亲节来临之际,制作母亲节贺卡的活动也像往年一样在班主任的布置下如火如荼地展开了,这是学校近几年的必修作业。对于五年级的学生来说,这不是什么难事,有些学生三下两下就做完了贺卡,但当教师问学生做贺卡时的心情时,他们却说不出有什么感觉。看来做一张贺卡并不能触动学生心灵深处对母亲的感激之情。为了加深了解母亲的辛苦和伟大,用学生稚嫩的心爱自己的母亲,通过讨论,学生们决定开展"亲近母亲"的活动。

【活动准备】

1. 胚胎发育各阶段的图片。

2. 多媒体录像胎儿分娩情景。

3. 设计调查问卷

(1)妈妈的生日是哪一天?

(2)你会主动帮妈妈做事吗?

(3)在母亲节这一天,你会给妈妈送礼物吗?

(4)你会跟妈妈谈心吗?

(5)当妈妈心情不好时,你会怎样做呢?

【导入过程】

一、出示《游子吟》,导入课题

"慈母手中线,游子身上衣,
临行密密缝,意恐迟迟归,
谁言寸草心,报得三春晖。"

师:一首《游子吟》道出了千百年来,母爱的伟大及无私。我们的生命都是母亲给的,从十月怀胎到生产时的阵痛,这漫长的二百多天里,有多少期待。她们辛苦,但快乐着。

师(指着图片):现在请大家看一看各阶段胎儿的图片:一个半月、三个月、七个月、九个月。你们在妈妈肚子里慢慢长大。

(接着,学生再看一段录像:胎儿出生时的情景。教师问学生看完录像后有什么感想。)

二、学生谈感想

生：原来我们是这样降生到这个世界上的。

生：原来妈妈生我们的时候这么痛苦。

生：我要好好孝顺妈妈。

生：我很感激妈妈。

……

三、深入课题

师：你们想更深一步地了解妈妈吗？那么，怎样了解呢？你想体会一下妈妈的辛苦吗？你准备为妈妈做些什么事呢？除此之外，你还想了解一些什么。

（教师给每个学生发一张小纸片，让他们把自己想采取的行动写在纸片上。）

四、行动归纳

教师和学生一起总结、归纳打算采取的行动：

1. 了解妈妈一天的工作，到妈妈的单位看一看。
2. 当一天家，体会当家的不易。
3. 减轻妈妈的负担，多做一些力所能及的家务。
4. 了解一些名人与他们妈妈的故事。
5. 查找一些歌颂妈妈的诗歌。
6. 学唱一些歌颂妈妈的歌曲。

五、揭示主题

师：人常说，母爱是一种天性，在任何时候都一样。你得意的时候，母亲不一定在你的身边和你一起分享成功的喜悦，但她那敦敦的教诲总能让你不会迷失自己。失意的时候，母亲一定能在你的身边。她的鼓励及安慰，总能使你在逆境中找到自我。在母亲节来临之际，让我们一起"亲近母亲"。

【活动反思】

以"亲近母亲"为主题的综合实践活动，让学生通过视频体会生命成长的艰难，收集整理有关母亲伟大的名言、故事、诗歌、歌曲等资料，设计问题深入调查母亲的工作、所思、所想，为母亲做力所能及的事情。教师引导学生通过个体行动实践，将合作学习与讨论交流相结合，亲身感悟母亲的辛苦和伟大，从而在行动上产生爱母亲的情感，自觉地为母亲分忧解难。学生根据家庭的实际情况可以采取不同的报答母亲的方式。

在本次活动的实施过程中，名言组、表演组、诗歌组、故事组、感悟组、摄录组的同学不但体现了很好的合作精神，而且深入地了解了母亲的内心世界，感悟到母亲的高尚情怀，表达了爱母亲的情感，并选取了切实的关爱母亲的做法。

（深圳市南山外国语学校　张果容）

我和鸟类做朋友

【活动背景】
  以前在学校周围看不到鸟儿,更听不到鸟鸣。但最近每天早上做操时,学生能看到许多各种各样的鸟儿盘旋在学校上空不停地鸣叫,这引起了学生的关注和兴趣,从而激发了他们去调查和研究的兴趣。

【活动准备】
  1. 从网上查找有关鸟类的影片和图片。
  2. 准备一只非常漂亮的鹦鹉,一段钢丝。

【导入过程】

一、谈话引入
  师:同学们,你们喜欢鸟儿吗?
  (有的学生回答说喜欢,有的说不喜欢。)
  师:不喜欢鸟儿的同学,我想是你们还不了解鸟儿,还没有真正地和他们接触,其实啊,鸟类种类繁多,他们不仅能为人们带来欢乐,为自然添上一道亮丽的风采,更是我们人类不可缺少的朋友。

二、初步感知、激发兴趣
  教师播放和演示关于鸟儿的影片、图片,让学生初步了解和认识鸟类,建立起研究鸟类的兴趣,知道鸟类给人类带来的快乐和益处。尽量使每一个学生都能积极、热情地投入到本次综合实践活动中去。

三、直观感触、增强信心
  教师拿出准备好的鹦鹉,让学生亲眼目睹这既漂亮又可爱的小家伙。
  师:鹦鹉漂亮吗?
  生:太漂亮了,颜色好靓啊!
  师:它除了漂亮,还会说话和表演节目呢?
  生:哇,真的这么厉害,我有点不相信。
  师:我们还可以让鹦鹉学说话和走钢丝。
  学生欢呼着,热烈鼓掌。

四、学生感受
  学生们争先恐后谈感想:
  学生1:今天看了这么多的鸟儿,我才知道它们是那么的漂亮、可爱,他们不仅给大

自然增添了一道亮丽的风采,而且还能为农民伯伯除害,我喜欢自然界的鸟类。

学生2:以前我只知道几种类型的鸟儿,今天我终于大开眼界,原来大自然有这么多与众不同的鸟儿,他们形态万千,美丽动人,都有着自己的特长和爱好,比如啄木鸟有长长尖尖的嘴,可以给树木治病,翠鸟有着锐利的眼睛和敏捷的身手,孔雀有着五颜六色的羽毛……

学生3:啊!原来鸟类世界里有这么多有趣的问题,可我却什么都不知道。哎,真是见识狭窄,是该好好地去学习学习了。

【活动反思】

教师在这节导入课上利用精美的视频图片和漂亮的鹦鹉,加深学生对鸟类的认识,激发他们热爱、保护鸟类动物的情感。经过这堂课的欣赏、交流学习,学生们对鸟类的认识和探究产生了更浓厚的兴趣,为下一步的活动开展起到铺垫作用。

(深圳市留仙小学 牟鸿)

后海小学,我的家

【活动背景】

学校上学期刚刚接受了深圳市南山区学校评估团的考察,教师、学生在这一次评估中出力献策,意兴盎然地接受了一次热爱校园的教育活动。正当学生们意犹未尽之时,学校又要接受市级学校等级评估,此时正是激发学生爱校的大好时机。

前苏联著名教育家苏霍姆林斯基曾满怀激情地写道:由认识与发现所引起的喜悦是无与伦比的,它可以创造奇迹。自本学期我班开展综合实践活动两个多月以来,我兴奋地发现它为学生开辟了一条探索与创造之路,它有望把我们的教育工作引向多年来令人神往的境界。为此,我们确立了"后海小学,我的家"这一活动主题。

【活动准备】

1. 教师准备区级评估时的录像片段,主要是学生的发言和学校教学成果展示。

2. 笔记本和必要的学习用具。

【导入过程】

一、情境激趣

师:很多同学对区级评估时的情景难忘,现在大家都在谈论本期的综合实践活动课的选题。今天,老师带来了录像片段,请同学们欣赏。

播放录像。

二、谈话揭题

师:同学们刚才看了录像,感受到了什么?

生1:我看到五年级的哥哥姐姐的现场朗读和现场作画,很羡慕他们。

生2:我觉得我们学校还有很多成果都可以在评估团的面前展示。如:同学们的课间活动,校外劳动等。

……

师:是的,市级评估时,我们有许多精彩的东西可以展示。我们从现在开始,要注意利用综合实践活动课来调查和收集有关的材料。不过,我们需要确定一个恰当的课题,定什么题目好呢?

(学生们开始兴奋地议论着。经过大家的认真讨论,最后确立了"后海小学,我的家"这一课题。)

三、主题的拟定

确立"后海小学,我的家"这一课题后,学生们七嘴八舌地议论开了。教师默不作声地把班长交来的意见整理后抄在黑板上。

生:把这些意见归纳一下,看可以分成几个方面,不就有了头绪了吗?就像给课文分段一样。

(教室里渐渐静了下来,他们有的凝神思索,有的写写画画,看着这群小小设计师的认真劲儿,教师既忍俊不禁,又打心眼儿里佩服。)

一番思索、讨论和争执之后,决议终于出来了:本课题可以从3个主题展开研究:(1)学校的创建和今天学校的硬软件建设;(2)快乐的学校生活;(3)未来的学校。

【活动反思】

不愤不启,不悱不发,举一隅不以三隅反,则不复也。今天的学生,信息量大,头脑灵活,兴趣广泛,他们对自己感兴趣的事情,举一隅能以多隅反。教师若能尊重学生的兴趣爱好和意见,把学习的主动权真正交给学生,发挥他们的主动精神,因地制宜,因事制宜,因时制宜,因人制宜,因势利导,教师的教与学生的学都将不再是苦差,而会变成一种真正愉快的劳动和充满创造活力的精神享受。

(深圳市后海小学　唐维伦)

小叶不"小"

【活动背景】

深圳是一座美丽的花园城市,城市绿化做得非常好。然而,深圳也是一个移民城市,有很多外来人口。我们留仙小学就有这样的特点,即百分之九十多的学生是暂住户口。他们当中的很大一部分人缺乏环保意识,绿化意识薄弱。为了保护我们美丽的家园,教师与学生一起确定了"小叶不'小'"这样一个与环境保护相关的实践课题。

【导入过程】

一、激发兴趣

小实验:

1. 实验器材:大小烧杯各一个、水、酒精、绿叶若干、三角架、酒精灯等。

2. 实验步骤

(1) 在大小两个烧杯中各倒入少量清水。

(2) 将两片绿叶放入小烧杯中,再将小烧杯置于大烧杯内,进行水浴加热。

(3) 加热一会儿后,绿叶没有什么变化,取出绿叶。

(4) 倒掉小烧杯里的水,换为酒精,再加热。

3. 实验现象

换上酒精加热一会儿后,碧绿的叶片变成了白色,而酒精却成了绿色。这简直就像变魔术一样,学生们都被这情境深深地吸引住了,对这小小的叶子充满了好奇心。

二、谈话揭题

教师趁热打铁,引入课题。

师:这小叶还真不小,你们还想知道有关小叶的什么问题?

学生各抒己见,教师适当引导归纳,最后形成五个问题:

(1) 叶子为什么是绿的;

(2) 树叶……类的朋友;

(3) 知道树叶的功能;

(4) 稀有植物的认识;

(5) 树叶的艺术。

三、分组实施

根据上面提出的问题,学生自由选择自己感兴趣的问题,教师把有共同兴趣的学生集中在一起成立学习小组。这样,学生分成了四个组,由组员选出小组长,由组长带领

组员制定小组活动方案。

【活动反思】

　　教师要想让学生主动学习,提高实践能力,获得全面发展,最重要的一点是先要激发学生的学习兴趣,让学生持续处于大脑积极思维状态,实现学生由"老师让我做"向"我要做"的转变,这一点是整个方案能否成功实施的关键。教师在这节课上采取了两种激发兴趣方法,一是挖掘问题本身的有趣之处、闪光点。二是让学生自主选择,自主探究。因此,学生对课题研究都很感兴趣,揭题很成功,为以后的探究学习活动奠定了坚实的基础。

(深圳市留仙小学　伍灿明)

我是家庭理财小能手

【活动背景】

　　深圳人的生活水平较高,独生子女也居多。春节刚过就开学了,不少学生的口袋里装着过春节的压岁钱。学生三个一伙,五个一拨,去买零食吃,买玩具,也有的去买学习用品。压岁钱是学生最大的一笔钱,在某种程度上也是属于他们自己的私有财产。学生天天与钱打交道,但如何去合理花钱和节约用钱呢?面对金钱这一问题,学校与家庭必须引导学生正确使用金钱,合理支出,树立正确的消费观,让学生有自己的理财意识和计划。

【活动准备】

　　1. 调查和统计自己过春节的压岁钱的数目和来源(与家人商讨)。

　　2. 调查自己家里近期的家庭收支情况表。

　　3. 找一些学生自主理财的资料(文章)。

【导入过程】

　　1. 学生畅谈谈自己压岁钱从何来,进而增进与家人的感情,感谢家人对自己的关心

　　师(引导):同学们,在过春节时,你们都会收到不少的压岁钱,好好想一想,是谁给你的?

　　生1:爷爷、外公、爸爸。

　　生2:奶奶、爸爸。

　　生3:爸爸和妈妈。

　　生4:妈妈和小姨。

　　……

　　师:同学们,你们的长辈和亲朋好友都很关心你们的成长啊!

　　2. 用数学知识算一算自己的压岁钱,对压岁钱更有一种责任感受

　　师:老师给你们一点时间,粗略算一算你们自己的压岁钱大约有多少?

　　生1:我总共有2000元。

　　生2:我有800元。

　　生3:我一共500多元。

　　生4:我,我只有200元。

　　生5:我总共只有几十块钱呢。

师:同学们都快要成为"小富翁"了,老师希望你们不仅是财富的富翁,更好成为知识的大富翁呢。

3. 引导学生在生活中做懂礼仪、有修养的人

教师让学生回忆一下长辈和亲朋好友给自己压岁钱时,当时自己有什么样的感受。

生1:我很高兴了,我有钱啦。

生2:开心极了,我拿到红包时就会对人家说"恭喜发财"。

生3:我会很感激很感激他的。

生4:超级开心喽。

生5:谁给了我钱,谁就对我好,我就爱他。

……

4. 学生谈自己对金钱的真实想法和建议,学会理财。

师:看来啊,爷爷、奶奶、爸爸、妈妈和许多长辈都很关心同学们,非常疼爱你们,给了你们这么多的压岁钱。那么,你们又将如何来处理和花销这一笔钱呢?现在你们可以与小组的伙伴讨论讨论。

学生开始进行问题讨论。

生1:我把大部分钱都给了妈妈,剩下的钱我买了玩具和手枪,在生日的时候我还请同学吃麦当劳。

生2:我把那些钱都当作学费,将来读中学、大学就能用上。

生3:用来买书买笔和游戏,还有其他好吃的东西。

生4:我想在爷爷生日的时候送给他一件很有意义的礼物,但买什么,还没有想好。

生5:我想把一些钱捐给贫困地区的学生,让他们生活好过些。

生6:我用压岁钱买了一个"随身听"来学英语,还可以听听好歌。

(教师在学生发言时,注意鼓励、表扬合理利用压岁钱的学生。)

师(小结):好了,同学们,你们的打算和想法多种多样,也很有意义,老师真的为你们感到高兴!相信你们以后会关注金钱这个问题,也能慢慢学会用好自己的压岁钱。现在我们一起来共同探讨这个有趣的问题,让大家都学会理财。

4、出示要研究的课题"我是家庭理财小能手"。

师:我们要通过这个主题活动,开源节流,养成良好的习惯,做一个真正富有的人。要想形成理财的好习惯,成为一个理财的小能手,老师给你们布置一个任务,你们回家后,让你们的父母聘请你做家庭理财手。

学生的调查表

班　　级:＿＿＿＿＿　　　　小组名称:＿＿＿＿＿

调查执行人:＿＿＿＿＿

调查记录:＿＿＿＿＿＿＿＿＿＿＿＿＿＿＿＿＿＿＿＿＿
＿＿＿＿＿＿＿＿＿＿＿＿＿＿＿＿＿＿＿＿＿＿＿＿＿

调查感受:＿＿＿＿＿＿＿＿＿＿＿＿＿＿＿＿＿＿＿＿＿
＿＿＿＿＿＿＿＿＿＿＿＿＿＿＿＿＿＿＿＿＿＿＿＿＿

我的建议:＿＿＿＿＿＿＿＿＿＿＿＿＿＿＿＿＿＿＿＿＿
＿＿＿＿＿＿＿＿＿＿＿＿＿＿＿＿＿＿＿＿＿＿＿＿＿

家庭开支一览表

项目	时间	地点	数量	执行者	备考

学生近期花钱一览表

类别	地点	时间	数量	父母的意见

【活动反思】

现在人们的生活水平提高了,但学生们的消费观和理财意识尚需要进一步提高。这节活动课通过引发学生主动谈自己对钱的认识和看法,让学生初步形成了理财理念;从压岁钱这一事件中知道怎样去使用好金钱,树立了正确的消费观。

此课题研究得到广大家长的认可和大力支持,不少家长都能及时反馈自己对孩子的评语。父母与孩子一道讨论交流理财问题,拉近了彼此之间的距离,是一种很好的教育方式。在树立金钱观方面,让学生讨论和调查金钱的做法远远比成人的说教收效大。

(深圳市平山小学　曾伟海)

房屋的寿命

【活动背景】
随着中国经济的发展,在各大中城市,建筑行业异常活跃。而在建筑行业里共存着两支队伍:建楼队伍和拆楼队伍。据报道,像深圳这样的年轻城市,目前拆楼速度已经比建楼速度还要快了。可想而知,那些古老的城市又是如何的景象。这"拆"和"建"中有很多值得研究的社会问题,让学生——社会未来的建设者们来调查和研究这个问题,具有重大的现实意义。

【活动准备】
教师准备一些拆楼和建房的图片(最好是学生生活周围比较熟悉的场景)。

【导入过程】
一、创设情境
师:在我们的周围每天都发生着各种各样的变化,很多同学都曾跟老师谈起对这些变化的看法,说明同学们善于观察,善于思考。今天老师为大家准备了一些图片。
(学生认真地观看欣赏建房和拆房的图片。)
二、谈话揭题
师:看了这些熟悉的图片,同学们有什么想说的?
生1:老师刚才放的图片中有两张拍摄的就是发生在我家附近的事情,那上面拍的就是前不久拆房的情景,我弄不明白为什么好好的房子就拆了呢?
(这时,学生们开始议论起来了,他们急切地想知道为什么有的房子能保存上百年或几百年,而有的房子却昙花一现呢?)
教师趁机揭示活动课题"房屋的寿命"。
接着,教师引导学生提出各种各样与房屋有关问题,并与学生一起将这些问题归纳成几个大问题。再让学生自由组成学习小组,分别来探究这几个与房屋有关的问题。

【活动反思】
学生发现在自己的周围总是不断地发生着变化。但在这些变化中有些令他们很困惑:刚建好不久的房屋,怎么就无端给拆掉了?这节课教师用学生熟悉的情境来导入,正中学生下怀,使学生产生了探究的冲动,有一种对思考问题欲罢不能的效果。

(深圳市留仙小学　林文成)

寻找南山风光

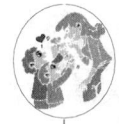

【活动背景】

南山的地理位置独特,风景美丽。改革开放二十多年来,南山这座城市发生了翻天覆地的变化。而南山小学,地处大南山脚下,学生们大多是当地南山村里的孩子,祖祖辈辈都生活在南山这块土地上,对南山有着深厚的感情。学校根据"南山人爱南山"的综合实践活动课程目标,引导三年级学生以"寻找南山风光"为活动主题,通过参观、游览,以及自己搜集资料等形式,了解南山的风景资源,感受大自然的美丽,激发热爱大自然、热爱家乡、热爱生活的美好情感;通过实践活动引导学生走向社会,走向生活,走向大自然,培养他们大胆探索和勇于实践的精神;指导学生通过参观、访问、调查研究、经验交流,获得直观、真实的印象,学会调查研究和收集资料的方法,全面提高学生主动适应社会变化的素质和综合实践能力。

【活动准备】

1. 教师收集相关资料,制定班级活动方案。

2. 开好各组组长和班委干部会,注意培养小助手,让他们在活动中帮助教师组织活动。

3. 带好规定用品,记好活动日记。教师准备相机、摄像机,记录活动的相关资料。

4. 布置学生做好前期准备工作,搜集资料(结合五一长假,要求学生查找书面资料,有条件的上网查找资料)。

【导入过程】

一、创设情景,激发兴趣

1. 图片展示。

(教师展示南山风景的图画,配上优美的音乐。)

2. 导入谈话。

师:同学们,你们看到了什么?听到了什么?

生:我们看到南山是多么的美。

师:是啊,我们的家乡——南山,环境优美,风景宜人,今天,我们要从自己的身边开始来寻找南山美丽的风景。

(教师接着播放南山风景的图片,创设情景,激发学生的兴趣。)

二、启发提问,明确目标

1. 启发提问。

师：南山是一个风景秀丽的地方，你是从哪里感觉到的？

（学生自由发言。）

2. 明确目标。

师：今天，我们要从自己的身边开始来寻找南山的美丽风景。

3. 诗朗诵。

我的家乡，南山

  我的家乡南山，是一个风景秀丽的地方。

  我的家乡南山，是一个物产丰富的地方。

  在南山大地上，旅游胜地吸引着中外游客。

  大南山脚下有闻名中外的南山荔枝，

  有一望无际的大海，还有无数条金子般的沙滩。

  这山山水水哟，是那样娇美，那样迷人。

  南山的风光无限好。

  一条条宽阔的高速公路纵横交错。一座座现代化工厂鳞次栉比。

  跨海大桥横卧大海，飞机隆隆连接五湖四海。

  通讯网络连全球，电脑操作熟又快。

  南山人民正以崭新的姿态，奔向小康之路。

师：为了让同学们更加了解家乡，我们今天就要去观看家乡新貌，去寻找南山的美丽风景。

三、活动指导，教给方法

1. 启发学生从哪些地方去寻找南山的美丽风景。

（教师结合学生的回答，随机出示公园、旅游点、社区的图片。）

2. 教师提示学生在参观、游览中，怎样寻找到美丽风景。

（学生讨论交流。）

3. 教师引导学生在找到了南山的美丽风景后，怎样把这些美丽风景记录下来？

学生讨论交流：用画把美丽的风景画下来；用摄像机、照相机把湖光山色拍下来；用录音把动听的鸟叫声录下来；用文章把美丽的景色写下来；用歌声把美丽的景色唱出来。

师：除了以上说的这些办法，我们还可以通过哪些办法来找到美丽风景？

（学生进行讨论交流。）

教师提示：还可以收集更多的描绘南山风光的图画、照片，甚至可以上网寻找有关资料。

师：在这么多的内容中，你最想到哪里去找南山风光？

（学生自由发言，有的说在公园，有的说在花园，有的说在校园，有的说在景点，还有的说去登山。）

教师又问学生，在公园里，在校园里，在山上，在社区，在景点，你可以通过哪些事物来寻找到南山美丽的景色？学生纷纷畅所欲言。他们非常感兴趣，好奇心被激发了，调查的欲望被调动起来。

这时,他们个个跃跃欲试,急切地想投入到"寻找南山风光"活动中去。可见,学生们在图片展示、诗歌感染中激发了探求大自然的兴趣,积极性被充分调动起来了,而且知道了怎样去寻找南山风光的途径和办法。这样就为第二阶段的观察活动打下了基础。

4. 分组。

教师把观察目标接近的学生分在同一个小组。

四、布置任务,提示注意

1. 布置任务:

(1) 小组明确本组的学习任务;

(2) 学会怎样观察,参观,收集资料和记录;

(3) 学会口头表达:你看到了什么?听到了什么?知道了什么?收集到了什么资料?是通过什么方法寻找到南山风光的?通过寻找南山风光,你有什么感受和想法?

2. 提示注意:

(1) 仔细观察,用眼看,用耳听,用心去感受;

(2) 及时记录,团结合作,听从组长指挥;

(3) 注意安全,特别是过马路时要注意交通安全。

(4) 注意卫生:到外面去要注意周围的环境卫生,不乱扔纸屑、果皮。

(5) 注意纪律:到外面要注意遵守纪律,不大声喧哗。

师:同学们都明白外出参观、访问时要注意哪些的事项。那么,我们还应该知道外出参观时应带些什么?

学生1:应带好记录本,可以把看到一切记下来。

学生2:还应带好照相机,可以把看到的一切拍摄下来。

师:我们作好了一切准备,可以开始行动了。

【活动反思】

这节导入课很成功,主要归功于:

(1) 课前,教师做了大量的准备工作,使用音乐配图、诗朗诵,吸引了学生,激发了学生新奇感,使他们感受到了南山的美丽。课题导入活动在美丽的南山一系列图片展示中拉开序幕。展示美丽的南山风景照片的时候,学生一阵阵的惊讶,多么美丽的图画啊!,啊,原来南山这么美!

(2) 家长的支持与配合是这次活动成功的保证,像这样大型的室外活动,光靠教师个人的力量根本是不行的,家长的参与将起到重要的作用。家长积极配合学校的工作,利用休息时间,带着孩子到公园、景点、到山上,与孩子一起去体验,去感受,去获得对南山的一份真实的感性认识。大部分学生观察了青青世界、世界之窗、荔香公园等,有的学生还登上了大南山,收获很大,学生通过寻找南山风光,感受到了南山的美丽,基本上达到了活动的预期效果。

但在整个活动实施的过程中,教师不自觉地为学生考虑得太多,从准备音乐配图、诗朗诵到交代注意事项,面面俱到,学生处在教师、家长的过于包办中,学生自主探究不够。现在想来,如果导入课放手让学生去准备,让学生动手、探索、实践,效果肯定会更好些。

(深圳南山小学 刘爱萍)

认识父亲

【活动背景】

　　一年一度的父亲节又将来临,假如没有商家的促销横幅的提醒,在深圳终年忙忙碌碌的父亲们,恐怕没有几个人知道属于自己的节日即将到来。是啊,在当今节奏快、压力大的社会里,父亲们在单位里争当劳动模范的同时,在家里又要当一个好爸爸。父亲们整天忙于工作,尽管他们尽可能多找时间去跟子女沟通,但是可挤出来的时间毕竟还是十分有限。这不仅仅是因为父亲终年在外地或海外工作的原因,还因为父亲因工作应酬常常在小孩早已熟睡的时候才回家。正是深圳这种特殊的社会环境,决定了父亲们缺少与子女之间的交流。本课题活动正是基于这种社会情况而确定的,目的是让学生在了解父亲节的同时,更加深入了解自己的父亲。

【活动准备】

　　1. 教师准备一段父亲与子女在一起玩的录像。

　　2. 学生收集、查阅有关父亲节的资料。

　　3. 布置学生在一段时间内仔细观察父亲:他们高兴和不高兴时有什么样的表情?平时他们喜欢做什么事情?他们有哪些可爱的习惯性小动作?

【导入过程】

　　一、录像创设情境

　　教师播放视频。屏幕上的小孩和爸爸的笑声与教室里正注视着屏幕的一双双睁得大大的眼睛相互衬托。学生们很安静地看着,此时也有不少学生正在回想自己与爸爸在一起玩耍的情景。

　　二、问题导入:

　　师:大家看了录像,有什么感受啊。

　　生:想到了自己和爸爸一起玩的情景。

　　生:父亲节快到了。

　　生:这节课的内容是不是要说我们和爸爸的事情?

　　生:我想念爸爸(该生的爸爸长期在国外工作)。

　　……

　　师(引导):看来没有什么事情能够躲过你们明亮的小眼睛。没错,父亲节就快到了,这节课的内容就跟我们的爸爸有关。哪位同学了解"父亲节",愿意在这里向大家介绍介绍父亲节呢?

(学生根据收集到的材料回答。)

教师进一步引导:老师想知道爸爸经常陪你们玩吗?

生:他老是忙。

生:有时会。

生:他答应暑假带我去玩。

……

师:知道为什么爸爸有时候不能陪你们玩吗?你了解你爸爸吗?其实每个爸爸都是很好(去声)玩和很好(上声)玩的。不信的话,我带着你们一起从下面一系列的活动中来认识爸爸吧。

教师事先布置学生去做了一些相关的准备工作,学生展示出他们与父亲在一起度过快乐时光的照片和绘画。

三、认识父亲

1. 记住父亲的生日

师:有谁知道自己爸爸的生日的?看看谁第一个说出来。

部分学生说自己不知道父亲的生日。

师:不知道的同学,回家后要马上问问爸爸并牢记起来哦!

2. 观察父亲

教师请学生思考爸爸高兴时和不高兴时是什么样子,平时喜欢做什么事情,有什么习惯性动作。学生在课堂上写好观察日记。

3. 采访父亲

布置学生采访爸爸,了解爸爸最得意的事情,最难忘的事,最讨厌的事等等。

4. 走近父亲

教师与学生计划父子或父女合作参加某项游戏或是合作完成某项任务。

(游戏和任务的设计可根据条件、场所等实际情况去确定。)

5. 体验父亲

号召学生开展保护鸡蛋活动,要求每个学生保护随身带的一只鸡蛋在一天之内不受任何破损,深刻地体验一下父亲呵护子女的那种感觉。

师:通过这一系列的活动,你将对父亲的认识、了解有多少呢?你认为自己应该怎样做才能更好地与自己的父亲沟通呢?有好方法提出来与大家分享。

四、活动体会:

教师引导学生认识、理解父亲:其实每一位父亲都是很努力地做一个好父亲,不管是以什么样的方式。但是他们有时会把许多时间花在工作上。认识父亲,理解父亲,我们都来做一个通情达理的孩子,好好学习,做自己力所能及的事情,尽量少让父亲费心。

【学习拓展】

　　学生自制小礼品向爸爸表达自己对父亲节的祝贺。

【活动反思】

　　通过这次的课题导入活动,学生在了解父亲节文化的同时,增加了对自己父亲的了解,促进了学生与自己父亲之间的感情,使父亲节更加显得有意义,在父亲节这一天里,学生父亲会彻底地放开工作,和自己子女好好庆祝这个有意义的节日,尽情地享受一下天伦之乐,这天也是父亲与子女很难得的一次交流机会。

(中央教科所深圳南山附属学校　黄德报)

Why and how do Shenzhen citizens learn English?

【活动背景】

中国实施改革开放政策以来,与世界接轨的重要性日益凸现。中国加入WTO,北京举办2008年奥运会,都需要更多的人加深与世界沟通、交流,英语成为越来越重要的交际语言。因此,举国上下掀起了学英语的高潮。深圳作为我国改革开放的前沿城市,她与世界的交流更为密切。然而,我们的一些学生——生活在这一片热土的现代中学生,他们学习英语的热情却不高,很多学生走不出学英语的低迷状态。教师虽然反复强调学英语的重要性,但言语却显得苍白无力。如何让学生们更深刻、更直接地去体会学习英语的乐趣呢?为此,引导学生通过调查研究,了解深圳人学英语的必要性和重要性,认识到作为中学生学会英语的重要性和艰巨性,从而使中学生化学习压力为学习动力,自觉地投入到学习英语的活动中。

【活动准备】

1. 教师收集一些英语培训机构的广告、一些英语报纸、英语VCD和录音带等。

2. 教师准备几篇有关学英语的文章,内容是介绍学英语的重要性以及学好英语的方法等。

3. 学生准备介绍自己学英语的方法和遇到的困难。

4. 联系社会实践基地。

【导入过程】

1. 教师向学生展示一些英语培训机构的广告、英语报纸杂志、英语VCD和录音带,让学生初步感受英语信息之多。

2. 提出问题,进行互动讨论:

师(引导):As a middle-school student, why do you learn English?

3. 在学生陈述观点的基础上补充总结材料:

English is spoken as a first language by most people in the USA, Britain, Australia, New Zealand, Ireland and Canada. However, English is spoken all over the world: it is the main language in over 60 countries, such as India, Singapore, and in many of the Caribbean and Pacific islands. In these places English is often a second language.

English is also used as an important international language in many other countries, like China and Japan. People in these countries use it for business, and travelers to these countries use English when they get there. Other people may learn English because they enjoy reading books in English, listening to British or American music or watching American films.

English will be the most widely used language in the world in the 21st century. This language no longer belongs to British, American or Australian speakers. It belongs to anyone in the world. So, as a middle-school student of English today, think about how you can use this language. After you leave school, you will almost certainly need it.

Every year students in many countries learn English. Some of them are Children. Others are young people. Some learn at school. Others teach themselves. Why do all these people want to learn English? It's difficult to answer that question.

Many boys and girls learn English at school because it is one of their subjects. Many people learn English because it is useful in their work.. Some young people learn English for their higher studies because some of their books are in English at college or university. Other people learn English because they want to read newspaper or magazines in English.

4. 学生分小组深入讨论在学英语过程中遇到的困难,寻找解决的办法。

教师鼓励学生说出自己在学习英语过程中所遇到的困难,如记不住单词、不喜欢上英语课、语法知识薄弱……学生在本组内提出学习困难,再寻找解决困难的办法。教师再让每一组的学生代表上台发言。

5. 补充总结材料,指出如何有效地学好英语:

Do you know how to study better and make your study more effective? Chinese students usually study hard for hours. This is good, but it doesn't help a lot. If you want to study effectively, you must have enough sleep, enough food, enough rest and exercise. Every day you need to go out for a walk or visit some friends or some nice places. It's good for your study. When you return to your studies, your mind will be refreshed and you'll learn more and study better. Here take English learning as an example. First you make a lot of progress and you feel happy. Then your language study seems to stay the same and you may drop it. This can last for days or even weeks, yet you needn't lose hope. At some point your language study will again take another jump. You'll see that you really have been learning all the time. If you get enough sleep, food, rest and exercise, studying English can be very effective and interesting. Don't drop it along the way. Learn slowly and you are sure to get a good result.

In learning English, one should first pay attention to listening and speaking. It is the groundwork of reading and writing. You'd better try your best to speak while you do much listening. Don't be afraid of making mistakes. But be careful not to let them stop you from improving your English. While you are doing this, a good way is to write—keep a diary, write notes or letters, then if you can, ask some others to go through what you have written and tell you where is wrong. Many mistakes in your speaking will be easily found when you write. Through correcting the mistakes, you can do better in learning English.

If you are slow in speaking, don't worry. One of the helpful ways is reading, either aloud or to yourself. The important thing is to choose something interesting to read. It mustn't be too difficult for you. When you are reading in this way, don't stop to look up the words if you can guess their meaning when they have nothing important to do with the sentences. You can do that some other time.

6. 小组分工,确定任务,分工合作,进行采访式的调查。

教师与学生共同制定调查表,让学生在课后进行社会调查,了解深圳人学习英语的情况。

Topic: Why and how do Shenzhen Citizens learn English?

时间:_____   调查人:_____

职　业	Why do you learn English?	How do you learn English?
公务员		
公司职员		
出租车司机		
导游		
售货员		
大学生		
中学生		
小学生		
幼儿园小朋友(可由父母或老师代其回答)		

【活动反思】

本次活动的可贵之处,就是引导学生关注、了解身边的现实问题,把社会实践和英语学科教学结合起来,引发学生对社会热点问题进行冷静的思考,从而使他们深刻意识到学英语的重要性,并化压力为动力,下定决心掌握学习英语的方法和技能。在整个活动中,教师站在组织者、引导者、参与者的立场上,让学生自己通过调查、辩论、分析、总结等活动,培养了自己发现问题、处理问题和解决问题的能力,形成了积极进取,勇于克服困难的精神。

(深圳市西丽二中　黄淑丹)

人类的朋友——狗

【活动背景】

狗已经越来越融入人类的生活,成为人类的朋友,于是,狗的话题成了人们关心的话题。在深圳这个城市里,近几年来,人们对狗特别感兴趣,有的把狗作为宠物,有的让狗看家,有的狗是军警狗,还有的是作为比赛的狗……但同时,狗对人类到底是利还是弊呢?狗会"汪汪汪"地叫,是一种语言的交流?还是影响着人们的工作或是影响着人们的休息呢?在我们学校的周围,就有许多不同种类的狗,狗引起了四年级(2)班同学们的兴趣。

对于狗的种类,狗的特征,狗的利与弊以及狗与人类的关系到底是怎样的这些问题,学生们都比较感兴趣,可以通过调查、访问、实践等形式进行探究。

【活动准备】

1. 书面文稿和多媒体课件;
2. 有关狗的视频资料。

【导入过程】

一、创设情景

通过放课件和学生收集的资料,激发学生的兴趣。

师:同学们,看了刚才的图片,你们喜欢小狗吗?

生:喜欢。

师:小狗是那么可爱,那你们想了解有关小狗哪些方面的知识呢?

生1:小狗虽说很可爱,但是养狗要浪费粮食,而且狗会到处拉撒,很不卫生,很多人也知道狗会传染疾病,可是人们为什么还要养狗?

生2:狗有多少种类型,还有就是每种不同的狗都有哪些特点?

生3:狗对我们日常生活有什么作用?

生4:怎样来饲养小狗,饲养小狗该要注意哪些事项?

生5:要是被狗咬伤没有及时进行治疗,很有可能会染上疯狗病。听说那些被狗咬伤得了疯狗病的人很快就会死亡,怎样预防狗的传染病?

生6:为什么不同的地方的人养不同种类的狗?

生7:狗为什么能跑得特别快?如果我们人也能跑得跟狗一样快,那该多好啊!

生8:狗为什么在晚上睡觉的时候还能听见周围的声音,即使是发出很小的声音?

……

师:同学们提出了许多问题,你们的想法很有创意,很多问题值得我们去探讨、去研究,你们提出的问题老师也非常想亲自去了解一番。

二、确立子课题

教师和学生总结问题,提出了许多可供研究的课题,再经全班学生认真讨论,归纳出了下列6个子课题:

1. 了解狗的种类和特征;
2. 调查狗的作用;
3. 调查人们对养狗的态度;
4. 调查为什么不同的地区,不同的需要,养着不同的狗;
5. 了解养狗要注意哪些问题;
6. 调查养狗怎样预防传染病。

【活动反思】

随着课程改革的不断深入,综合实践活动已在各学校中轰轰烈烈开展起来。作为一门新兴的课程,可以借鉴的经验少之又少,这需要教师在实践中不断去探索和积累。四(2)班学生选择了学校周围有的,贴近自己现实生活,又便于收集资料的课题内容"人类的朋友——狗",使学校、家庭、社会、媒体等都成为课程资源,说明了该课题选材及研究具有实际价值和可操作性。

(深圳市留仙小学　郭惠平)

合 作 学 习

【课程描述】

　　什么是合作学习？合作学习是指学生在小组或团队中为了完成共同的任务,有明确责任分工的互助性学习。毋庸置疑:任务的完成与效率的提高,个人认知经验的共享和协调,合作意识与团队精神的培养等方面都需要合作,现代社会生活中,合作已成为一种需要。

　　随着时代的发展,合作意识、合作精神、合作方式越来越引起人们的重视。小组合作学习不仅解决了班级授课制下教师难以面向有差异的众多学生教学的不足,更是立足于新的教育理念,为每一位学生的全面发展,创设了适宜的环境与条件。

　　综合实践活动中的合作学习,从生本的角度看:

　　首先要有学生的全员参与,即根据明确的目标导向,落实学生的个体学习,让每个学生有较充足的时间,按自己的水平进行自我学习;其次是学生要主动参与,即努力提高学生参与学习合作活动的主动性。只有愿意学,才能学得好。教师要善于精心设计合作学习的内容,让学生在学习过程中学会自己发问、自己分析与解决问题。学生在合作过程中争论,才有所发现、有所创新。最后,要依据学生能力的大小,引导学生在小组中选择合理的角色,从而促进不同层次的学生在小组合作中都能得到最优发展。

　　从活动的流程看:(1)要引导学生选择、确定活动主题,制定活动方案(活动目标、活动准备、过程设计);(2)按照小组制定的计划开展活动,随时做好活动记录;(3)活动告一段落时,要及时总结活动的体验,准备小组交流的材料;(4)在做活动总结时,尽力通过多种形式展示研究成果;(5)活动结束之后,建议每一位学生对整个活动过程进行反思,以激发学生内心深层次的触动和感受。

约 会 凉 茶

【活动背景】

2003年9月－12月,西丽小学四年级全体师生在学校领导的积极支持下,在家长及各方社会人士的鼎力协助下,开展了主题为"约会凉茶"的综合实践活动。他们将课题内容分为五大板块:凉茶历史、凉茶与中草药、凉茶的工艺、凉茶与健康、凉茶的未来。教师从学生兴趣出发,组建调查、种植、标本、摄影、美工、文艺、服务等七个小组分头开展实践活动。

历时六个月的实践活动真是如火如荼,有声有色。学生们走进凉茶铺调查访问;聘请凉茶企业的技术人员进行专题讲座;深入凉茶企业参观工艺流程;前往麒麟山庄学习种植中草药;奔赴贝尔科普基地学习制作植物标本;在百岁凉茶老人苏雪英的指导下登上塘朗山采集草药,学煲凉茶;他们的诚心感动了钟南山院士,得到了钟院士亲切的接见与解答。这一系列活动开阔了学生们的眼界,培养了他们的探究、合作能力,激发了他们热爱传统文化、热爱家乡的自豪感。他们制作凉茶谜语,勤写调查手记,撰写科学小论文,合办凉茶手抄报,编演凉茶小品。

【小组活动】

1. 以生为本,自主选题

九月的深圳,烈日炎炎,街巷中的凉茶铺生意红红火火,不少学生购买凉茶饮料解渴降火。看到这些现象,教师有意识地提出下列问题激发学生的探究兴趣:你们真爱喝凉茶,可你们知道凉茶的秘密吗?凉茶这名字是怎么来的?它对我们有哪些作用?它又是用什么原料煲出来的?非典期间,为什么家家户户都喝凉茶呢?一系列的问题虽然难住了学生,但也激起了他们探究的兴趣。常喝凉茶的学生,家中经营凉茶生意的学生均自信地表示,回家后求教家长,一定给老师、同学们一个满意的答案。探究之火,已经点燃。教师们趁热打铁,向学生和家长发出了倡议书。

倡 议 书

探究凉茶　关爱健康

尊敬的家长和各位同学:

凉茶是岭南地区一种家喻户晓的饮料。饮凉茶已成为广东人的一种生活习惯。凉茶以它清热解毒、去湿生津的独特功效受到人们的青睐。特别在非典期间,它成了家家必备的饮品。探究家乡的凉茶将是一件特别有意义的事情。

本学期,我校四年级拟组织同学们探访凉茶文化。拟从凉茶溯源、凉茶与中草药、

凉茶的工艺、凉茶与健康、凉茶的未来五个版块开展丰富多彩的探究活动。有调查采访、学习种植、标本制作、摄影纪实、美工描述、文艺创作、新品研发等小组活动。我们期待您和您孩子的参与、支持,渴望听到你们的忠告与建议。请仔细阅读,填写下表。

参与项目	调查组	园艺组	标本组	摄影组	美工组	文艺组	服务组
学生							
家长							
您的建议							

　　本课题得到了学生和家长的积极响应。学生自主选择感兴趣的活动小组。家长支持自己的孩子,积极参与相关的活动。教师又趁热打铁,立即召集家长自愿者和学生一起反复商量,调整人员,最后确定了七大活动小组的指导教师与家长、小组成员、探究内容、时间安排,并给活动主题制定一个诗意的名称——"约会凉茶"。

　　2. 以组为本,制订方案

　　兴趣是最直接的动力,各路人马,自成一团。可活动不仅要有热情,还要有具体的行动方案。对于学生来说,这是个难点。怎么办?只有大胆去尝试!各组聘请的指导教师和家长分别到各组开会。大家献计献策。

　　以小记者团为例:何殷同学说,她爸爸是花圃的员工,她可以带大家去花圃参观,采访。教师补充:这叫现场考察,要作好记录。吕特聪同学说,他开展活动很方便,因为妈妈开着凉茶铺,他跟喝茶的人都很熟,可以直接访问。教师诱导:要记载好采访过程。张子寒说,他可以在家上网查询资料。

　　有一个家长说,他和凉茶企业的一个工程师很熟,届时联系一下,看能否去了解生产过程。学生们大喜过望。你一言,我一语,就这样,活动的内容逐渐丰富,方法逐渐明晰,分工各就各位。小组请电脑高手打印,人手一份,便于对照执行。

小记者团活动方案
主题:凉茶知识我知道
目的:1. 了解凉茶知识,为其他团队提供学习的资料。2. 掌握调查、采访、收集资料的方法。3. 培养与人交往的能力,增强自信心。
内容:1. 凉茶的起源,相关故事和传说。2. 凉茶的种类与品牌。3. 有关中草药的名称、种植方法、生长周期、药性。4. 实地调查采访凉茶的工艺流程。5. 制作问卷,了解凉茶在人们生活的作用。正确饮凉茶的方法。与其他饮料之比较。
组员分工: 组长:张子寒:负责带领全组活动。主要任务:上网查询,汇集整理资料。 组员 何殷 黄玉湘 史坚强 任务:联系花圃,品种先知道,编辑花圃考察日记 钟志豪 李珊珊 任务:上网查询,和组员一起设计问卷。

吕特聪 莫思狄 任务：采访饮茶人士主力,采访家长。					
杜映桦 陈欣婷 任务：和家长先了解凉茶工艺,编辑讲解短文。					
指导老师：钟爱兰 杨洪 任务：指导学生全程活动,引导学生提升活动内涵。					
特邀家长：赵本雄 任务：指导学生全程活动,积极联系社区资源,开辟活动天地。					
我们的口号：1. 关键在于执行。2. 各位组员齐心协力,资源共享,坚持到底。					

制定活动方案的过程是一个集思广益的过程,也是一个相互学习的过程。活动目标越来越明晰,学生们劲头更足了。

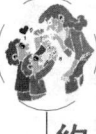

学生分组进行实践活动

内容 组别	凉茶溯源	凉茶与中草药	凉茶工艺	凉茶与健康	凉茶的未来
小记者团	1. 凉茶的起源,相关故事和传说。	2. 凉茶的种类与品牌。	3. 有关中草药的名称、种植方法、生长周期、药性等。	4. 实地调查采访凉茶的工艺流程。	5. 制作问卷,了解凉茶在人们生活的作用。正确饮凉茶的方法。与其他饮料之比较。
小园艺团	1. 开辟专地,聘请专家指导种植相关草药。	2. 做好生长日记记载。	3. 仿制、试制凉茶。请专家鉴定。	4. 在专家指导下,开发研制适合儿童饮用的凉茶。	
小标本团	1. 搜集草药资源,测量植物的基本情况,制作标本。		2. 制作标本的立体模型配以解说,形成完整的凉茶植物标本库。		3. 交流制作标本的技巧,提高制作能力。
小摄影团	1. 借助现代技术手段认识中草药。提供详实的图片资源。		2. 忠实记录各小组实践活动,积累原始资料。试着摄制活动专题片。	3. 交流摄影技巧,提高对现代媒体技术使用的能力。	4. 创意设计：我为凉茶拍广告。
小画家团	1. 草药写生。 2. 用图画反映丰富多彩的小组活动。	3. 以草药为内容的剪纸、拼图制作。	4. 试编有关饮茶风俗的连环画。	5. 创意设计凉茶广告。	6. 协调文艺组办专刊,展示阶段成果
小文工团	1. 搜集整理故事传说。上网查资料。及时出刊,为各小组提供信息。	2. 定期办报刊,通报研究动态。	3. 自编、自演以凉茶为主题的小品、故事,展示实践活动中有意义的事,撰写科技小论文。	4. 茶艺表演。	5. 以语言为主的凉茶广告设计。

小管家团	1. 为各小团队提供服务,学会合理安排资源,当家理财。	2. 根据自己爱好与能力配合各组活动,感受各组的成败体验。	3. 通过服务、观察、合作,催生新的探究兴趣,激励组员动态流动,自定研究方向,加盟感兴趣的团队。		
备注	1. 所有团队以学生兴趣为本,进行组合。	2. 每团队由一位老师和一位热心家长负责指导活动。	3. 健全探究制度,定人、定岗定时开展活动。做好记载。		

为了充分调动学生们的积极性,引起参与活动的学生家长高度重视,教师和凉茶企业多次联系,取得了他们的大力支持。深晖有限公司副总黄春明先生为各团队授团旗,进行现场解答,使各团队备受鼓舞。

3. 实践为本,灵活调控

正如方案所写,关键在于执行。从纸上谈兵到躬身实践,有波折,更有灿烂。请看学生的一篇手记。

制作凉茶谜语

最近,我们四年级开展了"约会凉茶"综合实践活动。我们小组走街串巷去凉茶铺调查访问。真累啊!我和杜映桦一组采访人人乐超市前的凉茶铺。太阳真晒,杜映桦想到超市休息,我想:不是说好了坚持到底吗?劝了一阵,她才回头。在凉茶铺门口,人又多,她不敢问,真烦人,好容易看见一个熟人在喝茶,我急忙找他调查,老天不负有心人,我的资料齐全了,可杜映桦的还是空白一篇。她想抄我的,我才不干呢。后来,她灵机一动,采访我的熟人的同伴,也是满载而归。

我们兴致勃勃地把凉茶介绍给其他同学,可是外地来的同学却没喝过凉茶,只是听说过凉茶,真是跟他们怎么说也说不清,怎么办呢?杜映桦说,杨老师经常出谜语大家猜,干脆我们也编成谜语。对呀!我恍然大悟。

说干就干,我俩边想边写,不一会脑海里就出现了蛇舌草、龟苓膏的形象。最后去请教了老师,老师夸我们真有创意。我想:跟杜映桦合作还是挺有意思的。

青青一棵草,叶子细又小,身上长白花,解毒要靠它。(打一种植物)

看起来黑黑的,吃起来滑滑的,肚子里凉凉的,火气变小小的。(打一种药物)

同学们,你猜出来了吗?

四(1)班小记者团　陈欣

真是不问不知道,一问吓一跳!教师和学生都没想到普普通通的凉茶,它的品种竟那么多!有消火去热的蛇舌草、清热解毒的板蓝根、清肝明目的龟苓膏、清香可口的菊花茶等等,真是品种繁多呀!

随着实践活动的深入,学生们愈来愈认识到凉茶与非典的密切联系,看到钟南山院士的形象频频出现,于是采访钟院士成了同学们最强烈的愿望。怎么办?老师、家长、学生各显神通,千方百计地联系。最终遂愿。院士的人格魅力与采访时的体验将是学生的一笔财富。这次采访早已超出了活动的计划,但师生受益匪浅。

【活动反思】

  1. 兴趣是分工的前提。小组分工必须以学生的兴趣为本,只有这样,学生才会热情地参与活动,做他愿意做的事。在约会凉茶的实践活动中,有一部分学生开始的时候拿不定主意参加哪一个小组,教师就引导推荐他。有的甚至不能选择,教师就暂时请他加盟小管家团,进行学习、观察,随着实践活动的深入,有的学生逐渐对其他小组的活动产生了兴趣,申请加入。因此,组员是动态流动的,有利于增强学生的体验。当然,为了促进每个学生的发展,还要注意合理分配资源,让能力较强的学生合理分布,既能显示他的长处,又能带动其他学生的发展。

  2、分工与合作密不可分。分工使每个小组、每个学生的职责明确,使活动能够顺利开展。但具体实践活动,处处离不开合作。学生在活动中也逐渐认识到合作的必要性,学会与人合作的方法。比如标本组的学生对植物的感性认识是十分丰富的,但对植物生长规律的认识就十分肤浅。他们与种植组资源共享,进行交流。两个小组都得到了更多的收获。

  3、我们主张小组与小组之间也进行合作交流,调查组与其他组学生交流凉茶历史,摄影组展示活动的剪影,文艺组、美工组出版小报、画报……看着一份信息变成几份,一份收获变成几份,学生们心里乐滋滋的。在分工与合作中,学生们不仅分享到知识,更分享到合作的乐趣。

(深圳市西丽小学 杨 洪)

南 荔 飘 香

【活动背景】

冬去春来，万物欣欣向荣，学生们在春节祥和的欢笑声中步入了校园，开始了新学期的学习生活。一年之计在于春，在开学第一周的综合实践活动课上，我向五（2）班的全体学生提出了一个问题：在我校"南山人爱南山"的大主题活动的背景下，本学期我们要开展什么课题研究呢？

这时，学生的思维开始活跃起来了，他们围绕身边的事物，纷纷提出各种各样的想法和提议，教师只是在一旁微笑地倾听着。经过一番争议，学生们的想法逐渐开始趋于集中。南山最出名的就是南山荔枝，大家要研究南山荔枝的提议被大多数人所认同。于是，教师就让学生说一说研究荔枝的具体理由和可行性。大家通过集思广益式的发言，一起总结了如下的问题：

1. 南山荔枝远近驰名，我们作为南山人，就要对荔枝有所认识；

2. 现在是春天，二月份到七月份是荔枝从开花到结果的季节，也正好是我们一个学期都可以开展的研究项目；

3. 我们班上的高绮雯、陈俊聪、陈梓雄、丘梓成等同学家种植荔枝，他们家长是荔枝的种植能手，而且荔枝园距离我们学校也不远，这些资源对我们的研究都很有利；

4. 我们不但要会品尝荔枝，还要掌握有关荔枝的知识，更要为南山的荔枝经济贡献一份力量。

5. 我们要研究南山荔枝的种植历史、生长环境、品种数量，我们要研究南山荔枝的栽培技术、生长规律、销售情况、果园管理、未来发展，我们要对南山荔枝进行实地研究探索，访问荔枝种植高手，我们要通过网上搜索资料，并将研究的内容制成网页进行展示。

学生们的热情空前高涨。

最后，大家经过商议，为这一主题活动拟定了一个颇为诗意的名称："南荔飘香"。

【小组活动】

一、确定活动内容和任务

"南荔飘香"主题内容是以探索研究南山荔枝（尤其是源远流长、驰名中外、种植于南山上的南山荔枝）为核心内容，从南山荔枝的种植历史、生长环境、品种数量、食用特点、栽培技术、生长过程、生长规律、收获情况、销售情况、果园管理、未来发展等方面进行实践研究，让学生在实践中获得知识、关爱家园，并通过素材收集整理、图文宣传展示、声像录制编辑、网上搜索归类、网页创建运转、编辑书目画册和制作VCD光盘等方式来总结、汇报、展示本次活动的实践过程与实践成果。

二、让学生按研究的内容和兴趣进行小组分工,并聘请相关指导教师

1. 自然小组:南山荔枝的种植历史、生长环境(包括地形地貌、水土气候等)、品种、数量、外形特征、用途、价值等;指导老师:杨韵茹。

2. 农业小组:荔枝栽种技术、生长规律、收获情况、采摘方法、保鲜技术、科学种植技术等;指导老师:黄小茜、杨华。

3. 文艺小组:创作、收集有关荔枝的文化、文学、艺术作品资料,主要内容的中英文对照、记录师生研究的全程等;指导老师:赵咏梅、王鑫。

4. 营销小组:果园管理方法、荔枝营销情况、荔枝收获数量与市场价格的分析和预测、运输、出口、社会和经济效益、荔枝种植行业的未来发展趋势分析等;指导老师:徐承斌。

三、制定活动时间计划:

1. 二月初:成立课题研究小组,制定活动实施计划;开展宣传活动,让学生、家长、社会各界能了解课题的基本内容,并积极支持、参与本课题的实践研究。

2. 二月底至六月初:师生根据研究内容分成不同的研究小组;制定各自的探索研究方案;根据方案有序地开展活动。

3. 实行每月的课题小组例会制度,确保课题研究的顺利进行。

4. 在六月初进行课题资料汇总,进行后期的整理、结题、展示工作。

5. 六月底开展课题结题和展示活动。

四、小组活动方案的制定和汇报:

第三周(2月26日),恰逢学校承办广东省小学综合实践课程培训班的教研活动任务,因此,借助众多专家与学者的光临之际,师生上了一节以小组活动方案的制定和汇报为内容的综合实践活动课,课堂的具体过程记录如下:

1. 引入。

(1) 幻灯演示引入,明确学习任务。

师:同学们,今天我们的课堂真是高朋满座,人气很旺啊!这里,有我们熟悉的家长和老师,有我们不熟悉的专家、领导和来自全省各地的老师们,他们都很想知道我们的课题研究活动开展的情况,也非常愿意和我们交个朋友,一起来开展活动。在此,首先让我们向来宾们大声地介绍,我们五(2)班综合实践活动的主题是——

(学生大声说:"南荔飘香"!)

师:前两次活动课上,我们确定了这个活动主题,选好了要研究的内容,还分好了小组,各小组都聘请了指导教师,每一位同学也计划好了怎样开展研究活动。刚才,屏幕演示的一组有趣的图片,里面也许就有你要研究的问题。今天这节课,我们的任务是:制定和汇报我们的小组活动方案(出示课题)。要求同学们都带着问题参加自己小组的讨论,当然,同学们还可以现场邀请我们的来宾们一起讨论我们小组的活动方案,明确重点要研究什么,怎样开展研究,怎样整理活动方案,等等。

(2) 师:这节课我们是这样设想的(幻灯演示)。

A. 首先:请家长介绍有关南山荔枝的知识。

B. 接着：各小组制定活动方案。
C. 最后：各小组汇报活动方案。

2. 学习活动过程。

(1) 请家长简单介绍有关南山荔枝的知识，组织学生与家长的现场问答活动。

师：同学们，今天我们非常荣幸地请来了高绮雯同学的爸爸给我们介绍有关南山荔枝的知识。高叔叔是土生土长的南山人，多年来一直从事着果园管理、荔枝种植的工作，可以说，高叔叔对南山荔枝是了如指掌的。同学们除了要认真听介绍以外，还要及时地记笔记，更要积极开动脑筋，把握机会，向高叔叔请教你想探讨的问题。现在，就让我们以热烈的掌声欢迎高叔叔发言。

(2) 家长发言。

教师激发各组学生对家长发问。

师：看见同学们高高举起的小手，眼睛中透射出智慧的光芒，就足以说明高叔叔的发言是那么精彩，同学们的表现是那么可爱。今天，虽然时间有限，我们的对话也要暂停了，但我们更多有趣的问题可以留待今后的实践活动中去探讨。好，让我们再次以热烈的掌声谢谢高叔叔。

(3) 各小组现场开展制定小组活动方案的讨论。

师：这段时间以来，同学们对如何研究南山荔枝的问题都有了仔细的思考，再加上刚才高叔叔精彩的发言给我们带来的启发，对于研究什么，怎样研究等问题，相信每位同学都有了自己的想法。现在，我把小组活动方案表发给你们，各小组可以通过邀请在座的家长和辅导老师一起参加讨论，发挥集体的智慧，重新制定你们本小组的活动方案及汇报的形式。

教师给各小组发放活动方案的表格，幻灯演示。

小组活动方案

研究内容			
小组名称		小组人数	共　　人
组长		辅导老师	
副组长			

	研究什么问题	怎样开展研究
1		
2		
3		
4		
5		
6		

教师启发学生以多种形式来展示自己的活动方案。

(4) 各小组进行小组活动方案汇报。

师：同学们的热情简直是空前高涨！看来，人多力量大，这话一点都不假。现在，是我们各小组展示小组活动方案的时间,我们的发言顺序不分先后,发言形式任你选择,看哪个组能带个好头!

(教师对小组学生的汇报及时给予肯定,让其他学生掌声鼓励。)

师:各小组的汇报真是各有特色,别具风采。连我们的来宾都想说上几句,刚才,我留意到冯稳成妈妈很激动,有话要说,我们请她给我们讲几句,好吗?

(冯稳成妈妈发言。)

师:冯稳成妈妈这番语重深长的话,对我们既是要求,又是激励,更是希望。谢谢你!在此,我们还希望能听听更多的声音,趁这两三分钟的时间,请在座的来宾们也说说你的宝贵意见和建议吧。

(南山区教研室刘道溶教研员发言。)

3. 小结。

师:今天,各小组制定好了活动方案。下一步,我们将根据活动方案,带着问题去开展户外社会实践活动。

【活动反思】

1. 实施综合实践主题活动要讲究天时、地利、人和。在学校"南山人爱南山"的大主题活动背景下,学校五年级教师结合深圳开展的关爱美丽家园,铸就美好心灵系列活动,让学生立足南山(南山人爱吃南山荔枝,更要认识南山荔枝,热爱我们的家园),以学校资源、社区资源为前提(学生家庭种植荔枝、学生家长是荔枝种植能手、相关的荔枝科技种植机构、荔枝销售机构人员等都是我们开展研究活动的资源),结合本学期学校的时间情况(学期学习时间与荔枝成长季节相一致),实施南荔飘香课题,确实具有很大的研究优势和价值。

2. 综合实践活动要让学生走出校园,活用一切教育资源。万事起头难!毕竟五(2)班的师生是第一次开展这类活动,面对学生高涨的热情,教师急切要做的就是指导学生有序的进行活动准备。课题组六位教师通过多次商议,尽量考虑和借助社会教育资源,最终争取到了社区和家长的大力支持。大家对如何开展活动进行了详细的谋划,对活动目标也有了一个较清晰的预期。

3. 综合实践活动要重视知识能力的培养,更要超越知识能力的层面,把人的发展始终作为活动的基本出发点。通过研发、开展、落实课程内容,我们既培养了学生的知识与能力,更铸就了学生美好的心灵,让他们主动认识身边的世界,懂得从生活中获取知识,从生活中体验快乐,收获成功,做生活中的小主人翁,做社会上的小公民。当学生们发现身边的所有事物都可以成为学习的资源,当学习自然而然的成为了他们生活中必不可少的一部分,这样,我们的学校教育就大有希望。

(深圳市南山小学　徐承斌)

茶 与 健 康

【活动背景】

　　茶的历史源远流长,其文化内涵厚重。深圳是一座新兴崛起的移民城市,以其独特的经济文化形态成为中国的窗口。来自全国各地的移民,也带来各具地方特色的茶文化,并相互影响贯通,使深圳茶香更浓。留仙小学五(2)班同学确立了茶与健康的活动主题,通过深圳这个窗户,了解中国各个地方的茶艺、茶文化、饮茶习俗,探究茶与人体的健康,从而形成科学的饮茶之道。

　　整个活动由五个探究小组分工进行:茶历史组、茶文化组、茶种类组、茶道组、茶功能组以及茶健康组。课题研究从产生研究小组到小组分工、小组活动再到小组汇报,都由学生自主开展,较好地体现了学生的自主探究学习。

【小组活动】

　　一、提出问题,归纳成组

　　在活动主题确定后,教师提出问题:对于茶,你们已经了解了什么?你们还想知道些什么?教师要求学生书写出来。学生非常积极,问题远多于自己所了解的范围。比如:人饮茶在什么时候开始的?茶有什么功效?怎样才能泡一壶好茶?怎样辨别茶叶?隔夜茶能不能喝?为什么久泡的茶不能喝?

　　教师把学生所写的典型问题都罗列到黑板上,然后让学生将近似的问题合并到一块,并把这些相同的问题概括成简练的词语。于是,六个方面的问题便出来了:茶历史、茶文化、茶种类、茶道、茶功能、茶健康。然后,学生根据以上六大问题,自主分成六个调查小组。

　　二、小组分工,确定任务

　　调查小组成立了,教师便发给学生一张小组分工表,让各小组讨论需要调查探究的方向以及解决方案。

调查小组名称：
组长：　　　　　组员：
研究任务：
实施方案：

经过讨论,各小组制定了自己的活动计划,大致勾勒如下:

1. 茶种类组:

研究内容:研究茶的品种、名称、特点、区别

活动方式:上网调查、到茶庄访问

2. 历史组:

研究内容:茶的传说、起源以及影响

活动方式:上网调查、查资料

3. 文化组:

研究内容:古今有关茶的诗词歌赋、文化、礼仪

活动方式:调查访问、通过网络了解

4. 茶道组:

研究内容:种、采、泡、品的学问以及茶艺术

活动方式:调查访问、上网查询

5. 茶功能组:

研究内容:茶叶除了饮用之外的其他功用。

活动方式:实验、调查访问、上网查询

6. 茶健康组:

研究内容:研究茶与人体健康的关系

活动方式:调查访问,实验、上网调查

三、分工合作,调查研究

接下来开展的学习活动,既有小组各自分工展开的活动,也有小组间的合作交流活动。有好几个小组都走进茶庄,带着各自既定的学习目标和问题去调查。至于综合问卷,则由大家共同进行调查。

小组调查活动记录

时间: 　　　　　　　　小组: 　　　　　　　　调查人:

你家有(　)人,经常喝茶的有(　)人,少量喝茶的有(　)人。		
你家经常喝的茶是(　) A、红茶 B、绿茶 其他(　)		
你家经常喝的茶的品种有(　) A. 铁观音 B. 乌龙茶 C. 龙井 D. 碧螺春 其他(　　　　　)		
你一天大概喝(　) A. 一杯 B. 两杯 C.三杯 D. 三杯以上		
一般在(　)时候喝茶 A. 起床后 B. 饭前 C. 饭后 D. 睡觉前		
你一般在一天的(　)时间段喝茶 A. 早上 B. 中午 C. 下午 D. 晚上		
你觉得喝茶对我们的健康(　)有益 (A.是 B. 否)		
谈谈你对喝茶的看法:		
调查对象	调查地点	
调查方式	备　注	
调查内容		

四、小组汇报,评价交流

经过一个阶段的课题研究,到展示学习成果的时候,各学习小组各显神通,纷纷以独具特色的形式展示、交流自己的调查研究所得,同时,教师也给学生们设计评价表格,让学生既展现自我又学会学习他人。

茶历史组:PowerPoint演示文稿,茶历史发展图谱。
茶文化组:PowerPoint演示文稿,茶诗词对联朗诵。
茶种类组:PowerPoint演示文稿,茶图片实物展示。
茶 道 组:PowerPoint演示文稿,茶道表演。
茶功能组:PowerPoint演示文稿,实验证明。
茶健康组:PowerPoint演示文稿,广告设计。

《茶与健康》活动评价表

评价人(教师)(学生):

评价内容 \ 小组名称	知识性(☆☆☆☆☆)	研究性(☆☆☆☆☆)	合作性(☆☆☆☆☆)	参与性(☆☆☆☆☆)	总评
茶历史组					
茶文化组					
茶种类组					
茶 道 组					
茶功能组					
茶健康组					

请在评价表内填写得☆个数,在总评栏填写总得☆个数

【活动反思】

通过分组、分工,学生更加明确了自己研究的方向,不再像只无头苍蝇,无所适从。在分组过程中,学生提出了许多有研究价值的问题,更加振奋了他们探究问题的决心。学生们提出的问题远超出自己的知识范围,就是因为这些问题,才产生了《茶与健康》的各个活动小组,这是大家意想不到的。各个小组有条不紊的分工、协作充分显示了学生的组织才能。

(深圳市留仙小学 谢宝奕 程 红)

保护西沥水库，从我做起

【活动背景】

深圳市在13.35平方公里的集水面积内建立了西沥水库一级水源保护区，而大磡村由于它特殊的地理位置恰好处在一级水源保护区内。前几年，大磡村建有80多个工厂，周围居民文化素质较低，环保意识淡薄，造成大磡村的污染较为严重。西沥水库的工作人员采取多种方式进行宣传教育，收效甚微。另外，西沥水库经常有学生去游泳，发生过数起人身安全事故，管理处人员多次说服教育屡禁不止。针对这些情况，特选择本课题进行研究，让学生亲眼目睹大磡河的污染，了解水污染带来的危害，并亲自参与"保护西沥水库，从我做起"的实践活动，达到教育群众、教育自我的目的。

【活动目标】

1. 通过组织学生到西沥水库调查，了解西沥水库的概况和大磡村的污染情况，让学生亲身感受被污染的环境，了解水污染带来的危害，引起学生的震撼，使学生贴近社会，关注身边人和事，热爱环境，珍惜水资源，提高学生的环保意识，达到自我教育的目的。

2. 组织学生到西沥水库调查，在调查过程中学会收集资料，针对调查情况提出问题，并对收集的信息进行整理。培养学生收集信息、处理信息的能力。

3. 开展"爱护我们的家园"宣传日活动，让学生到社区派发宣传单讲解环保知识。锻炼学生的胆量，懂得与人之间的沟通、交流，培养学生的自信。

4. 每个小组要完成资料的整理，针对资料提出治理污水合理建议，开发治污新产品，开总结汇报课，通过这一系列的活动，使学生感受市场经济活动，培养学生互相协调、互相帮助的团队精神，培养学生的想像力、创造力、表达能力、组织能力等综合素质。

【小组活动】

全班组成五三护水集团，下设五个分公司（循环公司、护水公司、节源公司、绿色公司、环保公司），即五个小组，对西沥水库的概况、大磡村污染等五个方面进行调查，同时进行环保宣传，针对具体情况各公司提出合理建议，开发治污新产品，以竞标会的形式在课堂展示（据竞标书的内容制作展板、产品模型），评出最佳团队、最有创意奖等奖项。

1：护水公司：调查西沥水库的概况。

2. 环保公司:调查西沥水库的作用。
3. 循环公司:调查西沥水库周边的污染情况。
4. 绿色公司:调查西沥水库管理处针对污染采取的措施。
5. 节源公司:调查现在西沥水库的环境情况。

【活动准备】
1. 教师与几个组长一起到西沥水库管理处、大磡居委会联系,寻求他们的支持和帮助。
2. 教师指导学生掌握调查方法。
3. 共同制作环保宣传用品。

【活动过程】
第一阶段:实地考察西沥水库、大磡河。
1. 各公司进行分工。教师指导各公司制定调查方案,明确公司成员个人任务。
2. 请西沥水库管理处工作人员介绍西沥水库、大磡河情况。
3. 各小组分头调查。
4. 在班级交流各公司的调查资料

第二阶段:爱护我们的家园宣传日。
1. 各公司认真学习调查的资料,制作宣传单。
2. 到大磡村派发宣传单,讲解环保知识。

第三阶段:制作竞标书、展示准备。
1. 指导学生以展板的形式制作竞标书
竞标书的内容包括本公司调查的资料、根据实际情况提出自己的合理治污建议、开发治污新产品,可以用模型或设计图的方式展现。
2. 各公司明确每人岗位(经理、解说员、工作人员、讲解员等)

第四阶段:召开西沥水库治污竞标会。
主持人:大家好,我代表西沥水库招标方来主持这次招标会。大磡村建有80多个工厂,造成大磡河的污染最为严重。当我们亲眼目睹周围的居民乱倒生活垃圾以及工厂排出大量工业废水造成大磡河严重污染,大家都很很难受。我们要以实际行动告诉人们:要爱护我们的家园,爱护大磡河。今天我们相聚在这里,请同学们发挥你们的聪明才智,祝各公司取得好成绩! 首先我来介绍评标委员会(由教师和学生代表组成)。本次竞标会本着公平、公开的原则,有请校长为大家开标。首先请护水公司介绍本公司的竞标书。

1. 护水公司介绍本公司的竞标书
经理:我们公司是一群最具创意的成员组成的,受过特殊的训练,个个都是环保小专家。下面由我来介绍我们公司调查的资料,请工作人员把竞标书的展板拿上来。我们公司调查的是西沥水库的概况(展示西沥水库的概况模型边指边讲):西沥水库位于羊台山以南,大沙河上游,距市中心25公里。建于1958年12月,1960年主体完工,1981年9月由农业灌溉、发电功能改为城市供水功能。总库容4200万立方米,正常水库容2650立方米,水面面积5平方公里,集水面积29平方公里,一级水源保护区面积9.6平方公里。大家看,大磡村正处在一级水源保护区内……我讲解完了,下面由本公司讲解员介绍针对污染情况提出的措施。

讲解员1：大家好，我来介绍本公司针对污染情况提出的措施：

（1）在水库旁边挖一条水渠，下雨时，雨水会把垃圾冲进水渠，然后用网把垃圾拦下来。有了这条水渠，垃圾就不会被冲进水库里面去。

（2）禁止非法开私宰场。

（3）发出倡议：不要去西沥水库游泳。

（4）鱼塘里的污水不要到进西沥水库，可以用来浇花、种菜。

（5）要求工厂安装排污设施。

（6）少建房子多种树。

我讲解完了，下面由我公司成员介绍治污新产品。

讲解员2：大家好，我来介绍本公司开发的治污产品，第一个产品叫美丽家园。它是一个针对乱排放污水的住户发明的产品（出示产品模型），在我们所住的楼房前面有一条污水渠，我们每天所排放的污水就会经过这条污水渠流到一个蓄水池里面，也能称它为过滤器。在雨天、阴天或者是晚上时，它会把水简单地过滤一下。到了白天，这黑色的过滤器就会利用太阳的热和紫外线杀菌能力把细菌消灭掉。然后再经过后两个过滤器的过滤流回我们所住的楼房。第二个产品叫废物再生器……谢谢大家我介绍完毕，下面由我公司评标员对本公司评标。

竞标员：我们公司在经理林霖的带领下，最快完成任务。大家团结一致，个个都发挥自己的聪明才智。我们建议的措施是根据调查的资料合理提出，开发的治污产品也非常好。我觉得我们公司团队的合作性能得A，措施的合理性能得A，产品的创新性得A（公司成员自评，主持人填写评价表）。

附：评价表

指标＼名称	护水公司		循环公司		环保公司		节源公司		绿色公司	
	自评	互评	自评	互评	自评	互评	自评	互评	自评	互评
团队合作性										
措施合理性										
产品创新性										

主持人：现在请其他公司向他们提出问题，也可以评标。同意他们团队合作性得A得举手……下面由循环公司介绍竞标书，大家欢迎！

2．循环公司介绍竞标书

经理：我们公司是由最优秀的同学组成，个个都是精兵强将。下面由我来介绍西沥水库的污染情况。大家从这张表格中看出大磡村的污染情况最严重，麻磡村的污染情况较严重，白芒村的污染情况还算一般。我们公司还采集了大磡村的水样（同学们自己到大磡村采集的污水标本，边指边讲）这是钢制品厂的污水，这是434公车洗车厂的污水，这是福利农场旁边居民的污水……下面由我公司成员介绍我们公司根据污染提出的措施。

	工业污染企业（个）	排放污水（吨/年）	排放废气（千立方米）	果树（棵）	鱼塘（个）	企业用地（平方米）
大磡村	85	348739	302.64	1200	486	162525
麻磡村	22	85844	241.52	650	5	49720
白芒村	25	40231	141.06	300	162	111890
其他	42	109848	41.60			
合计	147	584652	726.86	2150	653	324135

（说明：按照这样的竞标程序，每个公司介绍自己的竞标书。然后根据自评、互评结果评标委员会评出最佳团队、最有创意、最有价值、最佳员工、最佳制作奖项。）

【活动反思】

这一主题活动前后经历两个多月，用了差不多16个课时。应该说这是一个典型的综合实践活动案例，教师和学生的综合素质在整个活动过程中都得到很大的提高。随着研究活动的不断展开，新的主题目标不断生成，新的问题不断产生，激发了学生去发现问题、思考并解决问题的积极性。师生在活动中兴趣盎然，对课程的认识和体验不断加深，创造性的火花不断迸发。课题使学生们逐渐成长，越来越自信。

五年(3)班全体同学一起参加了主题探究活动，教师特别关注内向型的学生，鼓励其积极参与活动。同时，充分相信学生拥有创造力，帮助学生解决学习过程中出现的困难。学校领导的大力支持是课题研究成功的一个重要因素。

（深圳市大磡小学　于　珧　吴春林）

未来汽车展销会

【活动背景】

创新是一个民族的灵魂,是一个国家兴旺发达的强大动力,创新能力的培养是素质教育的重要核心。创新能力的培养离不开想像,想像是创造的基础,是创造的源泉,没有想像就没有创造。因此,要培养学生的创新能力,首先就要培养学生的想像力。有一天,在学生的一篇日记中,教师看到了这样一段话:因为堵车,我们迟到了,如果堵车的时候,我们的汽车能飞起来,那该有多好啊!汽车飞起来?教师灵机一动,决定让学生们发挥想像,设计未来汽车。课堂上的气氛比我想像中还要火热。学生们兴奋不已,纷纷提出自己的创意,就连平时不太说话的几个也高高地举起了手!他们的大脑简直可以用神奇来形容!他们的想像之丰富让我们这些成人自愧弗如!他们设计的汽车千奇百怪,有的晴天用太阳能驱动,有的雨天把溅落到车身的雨水分解成氢和氧,用氢和氧驱动,有的能自动驾驶,有的能上天、下海、入地。

口语交际能力的培养,课堂教学是主渠道。但这还很不够。语言的实践,需要通过大量的课外实践,即社会实践,在实践中学习,在实践中提高。因此,我们除了要重视通过课堂教学加强口语交际训练外,还需要引导、组织学生在社会交往中实践,开展各种社会交往实践活动。组织学生参加社会实践活动会受到时间、空间的限制。因此,我们可以在校内开展模拟社会活动。可以利用语文活动课和课余活动时间,组织一些模拟社会交际活动。未来汽车设计好了,那就干脆开个展销会卖出去吧。于是,开一个未来汽车展销会的初步设想在教师的脑海里形成了。

【小组活动】

一、激发兴趣,明确目标

教师给学生念一段日记:在今天上学的路上,因为堵车,我迟到了。

我想,如果堵车的时候我家的汽车能飞起来,那该有多好啊!

师(启发):同学们,你们有没有想过汽车也能飞起来?我们一起展开想像的翅膀,来设计未来的汽车好不好?

学生异常兴奋,纷纷说好!

二、自由组合,分组设计

学生自由组合,分组设计未来汽车。除了要全面、详细介绍未来汽车的功能之外,教师不向学生提出其他任何要求,以免限制学生的思维空间。学生发挥想像力,开始设计,并利用课余时间,利用各种材料、工具将汽车模型制作出来。小组设计出未来汽车之后,推荐一位同学执笔,将本组设计的汽车的功能、特色等写下来。

三、班级交流,不断改进

各小组派代表介绍本组的未来汽车,评选出最优秀的作品。交流之后,各小组对自己的作品进行改进。

四、布置任务,准备展销

教师布置任务:同学们,未来汽车你们已经设计好了,不如我们开个模拟展销会,把你们的汽车推销出去吧。这个展销会怎么开呢?我们需要进行哪些前期的准备工作呢?

学生对此分组展开讨论。通过讨论,他们得出如下结论:

五、成立自己小组的公司,为公司取名

六、根据各自的优点进行合理的分工,确定董事长、经理、推销员、礼仪人员等职位的人选

七、制作本公司汽车产品的广告(电视、广播、海报、宣传单等多种形式)

1. 布置本公司的展台;
2. 给自己公司的产品确定一个合理的价位

八、邀请嘉宾,推销汽车

各公司派工作人员邀请家长、教师和其他班的学生参加未来汽车展销会,然后使出各自的经销策略,向客户推销公司产品。和客户签订购买协议之后,便是推销成功。

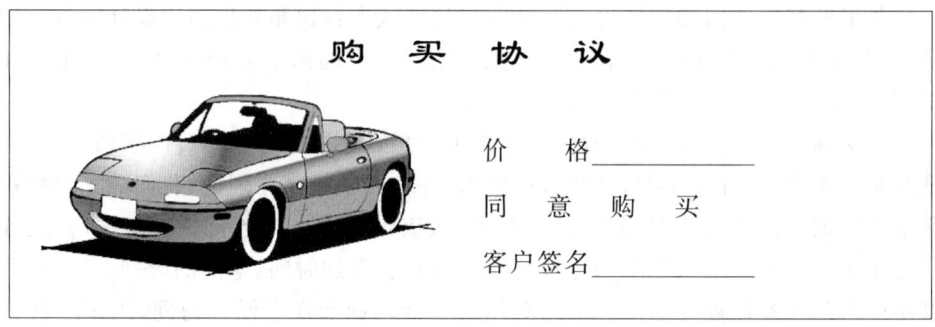

九、总结评比

展销会结束后,教师与学生一起总结活动过程中的经验和教训,然后比一比哪家公司的销售业绩最好。

【活动反思】

这个活动设计首先让学生发挥他们超常的想像力,小组合作设计未来汽车,然后通过模拟展销会现场,邀请家长作为客户,创设情境,让学生们在一个很真实的氛围里很快地实现角色的转换:他们有的是董事长,有的是销售经理,有的是公关经理。他们设计广告语,学会了讨价还价、制作公司的宣传资料,满怀热情地投入学习活动。当他们邀请的客户终于和他们签订了购买合同时,他们兴奋无比——就好像他们真的推销出去了一辆真正的汽车一样。这种模拟活动,必然对学生们口语交际能力的提高有很大帮助,也为他们将来走向社会进行实际的交际活动打下基础,适应21世纪人才发展的需要。

(深圳南山实验学校 彭金云)

荔枝知多少

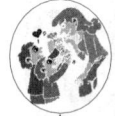

【活动背景】

1. 白芒小学位于深圳市南山区西丽镇,毗邻西丽果场,周围群山环绕,绿树成荫。学校有12个教学班,学生近500人,学生90％以上是流动人口,学生主要来源于周围的种养家庭,家住菜地或荔枝林,对荔枝较为熟悉了解,但缺乏系统的研究调查了解。为了让学生更加全面了解荔枝,培养学生科学的学习态度,教师根据学生的兴趣爱好以及社区特点,因地制宜,就地取材,结合学生家庭背景,充分发挥挖掘、利用社区资源优势,组织学生开展课题研究。

2. 选题设想:学校四周的岭南水果已有一百多年历史,尤其是荔枝树,抬头可望,很多学生家就在荔枝园里,学生对荔枝知识有一些了解,所以就指导学生从认识荔枝品种开始,先让学生说一说自己果园里种的荔枝品种有多少,再让学生说说自己认识哪些荔枝品种。当学生说得起劲时,自然对此主题产生浓厚的兴趣,从品种说到管理到。教师借此引导学生设计问卷进行调查访问,根据学生的兴趣分成6个小组,分荔枝的生长概述、荔枝品种介绍、荔枝苗的培育与荔枝园建设、荔枝的管理技术、荔枝病虫害的防治、荔枝的采收、保鲜与加工六大块进行分工调查访问,利用六大块之间的联系,汇报时把荔枝知识连成一体,使学生对荔枝的知识有比较系统全面的了解。

【小组活动】

本次活动根据我校所处的地理位置和学生的家庭背景,以及学生的经济条件等问题,采取集中在校网络调查、图书管书籍查找和校外观察走访的形式来探究。让学生根据自己兴趣自由组合成6个小组,六个主题进行综合实践学习,经过调查整理,在班里进行汇报。

1. 让学生根据自己兴趣自由组合成6个小组,有目的、有计划地对荔枝的生长概况、荔枝品种介绍、荔枝苗的培育与荔枝园建设、荔枝的管理技术、荔枝病虫害的防、荔枝的采收、保鲜与加工六个主题进行综合实践学习。

2. 活动具体安排:

(1)让每个学生根据自己小组的主题在课前各自出一些想知道的问题,之后小组进行汇总,设计一份调查问卷。

(2)每个小组根据教师所给的有关资料进行查找自己所要的资料和数据。

(3)课后根据自己设计的方向到学校图书室进行查找资料和数据。

(4)各个小组根据自己设计的问卷进行访问家长或荔枝管理员。

3. 调查总表的设计与填写。

教师对设计调查表的提示：有活动小组名称,有小组成员的名字,有活动的目的,有调查汇报的内容,有感想。同时,教师要激发学生开动脑筋自己设计项目。

4. 分组汇报阶段：

学生根据自己的兴趣自由组合成6个小组,有目的、有计划地对荔枝的生长概况、荔枝品种介绍、荔枝苗的培育与荔枝园建设、荔枝的管理技术、荔枝病虫害的防、荔枝的采收、保鲜与加工六个主题进行综合实践学习,经过调查整理,并将学习结果在班里进行汇报。

5. 活动小组名称：

班级和活动小组名称		活动调查研究的内容
四(1)班	四(2)班	
音乐之星	歌舞之旅	荔枝的生长概况
神算家	神算家	荔枝品种介绍
神笔天才	画出彩虹	荔枝苗的培育与荔枝园建设
文学天才	超级文学社	荔枝的管理技术
梦幻科技	I.O博士	荔枝病虫害的防治
电脑小王子	疯狂电脑	荔枝的采收、保鲜与加工

【活动反思】

这次"荔枝知多少"的主题活动培养了学生认知、情感、意志、能力等各方面的能力。学生们懂得了有关荔枝的很多知识,懂得了怎样去获得自己想要的知识和有关的信息。他们学会用幻灯片来制作汇报表,学会自己制作幻灯片。学生通过对自己家荔枝的生长过程所进行的观察、记录以及有关调查、访问,从而体会到爸爸、妈妈的劳动之辛苦,明白种果易得果难的道理。尤其学生在意志方面得到了磨炼,能坚持完成学习任务,能解决活动中出现的困难。他们根据自己的爱好进行分组,自己组织分工进行调查活动,培养了合作、交际、创新和观察能力。

（深圳市白芒小学　黄寿枝）

纸 的 秘 密

【活动背景】

随着经济的发展,社会的用纸量在不断增加。纸也是学生最频繁使用的学习用品之一,目前人们还没有找到一种能完全代替纸张的书写材料。造纸需要砍伐树木来做原材料,而纸张的使用量的增加,树木等植物的砍伐也会增加,砍伐树木必然会破坏环境,从而引起一系列的环境恶化问题。

通过开展《纸的秘密》活动主题,学生走出学校,进行社会实地调查、访问、参观,考察生产纸张给附近环境所造成的影响;调查家庭用纸的情况,从而关注身边的社会现象、关注生活、关注环保;注意纸张的正确使用,节约使用社会公共资源。

【小组活动】

一、联系实际,引出问题

在综合实践活动课的学习过程中,师生经过讨论,明白了:我们生活周围有许许多多的事情,只要我们留意一下它,就会发现,很多都有研究的价值。我们第一次综合实践课,经过讨论,决定就来研究我们学习过程中经常要使用到的纸,它究竟有什么秘密呢。最后,确定了以《纸的秘密》为这次综合实践的活动主题。

二、学生讨论,提出研究问题

1. 当纸碰到水会怎样,碰到油又会怎样?
2. 纸一定怕火烧吗?
3. 为什么人们要使用面巾纸而不用其他东西?
4. 为什么有些纸具有很好的吸水性,有一些纸不容易吸水?
5. 防近视纸有什么秘密(色彩、材料、用途等)?
6. 纸为什么会发光?
7. 纸张怕虫害吗?
8. 哪些纸可以撕,哪些纸不行,为什么?
9. 纸是谁发明的?
10. 纸的历史条件与纸的未来发展;
11. 纸是怎样制成的,造纸对环境有多大的影响?
12. 再生纸是怎样制造的,再生纸与普通纸有什么不同的地方?
13. 造纸产生的废水是怎样来处理的,造纸产生的污水能种植植物吗?

……

三、组建小组

每个学生根据自己的兴趣和爱好选择所喜欢的研究内容,自由组成学习活动小组,它们是:纸的秘密小组、家庭用纸调查组、纸浆纸品组、再生纸组、环保之星组。每个小组都民主选定了小组长,由小组长负责安排各组员的任务。

1. 制定小组计划

每个小组都按照我们的要求,制定了小组活动计划(如下表):

时间:　　　　　　小组:　　　　　　调查人:

调查对象		调查地点	
调查方式		备　　注	
调查内容			

2. 小组根据计划展开调查

小组成员分好工后,在组长的带领下,开始进行调查。

(1) 纸的秘密小组

纸的秘密小组的学生根据自己的计划展开活动,有的上网查阅资料,了解纸发明历史和经过;有的做实验,了解纸的吸水性以及纸的耐火性;有的在查阅图书资料,了解有的纸为什么能够预防近视。

(2) 家庭用纸调查组

这个小组的学生充分利用家庭的条件,统计好每个家庭成员的用纸情况,并作好记录。

(3) 纸浆纸品组

纸浆纸品组的学生充分利用课外时间,进入超市采访和拍摄照片,同时认真地查阅有关的资料以及上网等手段,通过两周的调查,学生知道了纸浆的分类:如按原料进行分类:(1)木浆;(2)草浆;(3)苇浆;(4)棉浆;(5)竹浆;(6)麻浆;(7)废纸浆。如果按制浆方法进行分类,又可以分成不同的种类。他们还查阅到了制造纸浆和纸张的过程。

(4) 再生纸组

学生们带着这个问题,通过上网、查阅文献资料等方法,了解到有关再生纸的制作方法、制作过程;学生们经过自己动手做实验,加深了对再生纸的认识,而且也知道虽然制作再生纸是对废纸的回收和循环利用,但制造的过程也会对环境造成一定的影响。

(5) 环保之星组

学生们利用课余时间,在教师的指导下,有的上网,有的到图书馆查阅文献,了解到了制造纸的原材料是木材,纸的生产是以牺牲森林为代价的,要保护环境,应该从我们身边的小事情做起,注意节约用纸。在实地的考察中,学生们也发现,有的造纸厂排放出很多的废水、废气没有经过任何的处理就直接排放,造成一个地方的大气和水源受到严重污染。学生们参观之后,把这个问题带回到班里讨论了一番,大家一致认为:关心环保要从我做起从身边的小事做起,平时应该注意节约使用纸张,建议大家一张纸两面使用,还给学校的办公用纸提出了一个建议,并以班级的名义给全校学生写了一封有关

节约用纸倡议书。

四、交流调查信息

1. 学生在整理资料时,注意资料来源,按照作者、题目、期刊名、页码等要素记录下来。

2. 各小组长把本小组的调查资料集中起来,填写本组的调查信息统计表。

【活动反思】

本课题以纸的秘密为主题,通过一系列学生自主探究活动切入到当今世界的热点——环保问题,课题具有现实意义。

在调查过程中,学生们到工厂去参观和访问,他们学到了与他人交往、沟通的方式和技巧,提高了社交能力。此外,他们的合作意识、收集、分析、处理、应用信息能力,发现问题、分析问题、解决问题的能力以及社会责任感、使命感都有很大程度的提高。

(深圳市留仙小学 张子文)

我们的绿色学校

【活动背景】

小学阶段是一个人成长和发展的重要时期,小学生在各个方面具有很强的可塑性。加强小学生的环境教育,对于塑造一代具有环保意识的新型建设者,使他们获得一些关于环境科学的知识、技能,引导他们用正确的环境观、价值观和道德观去认识环境与发展问题具有重要的意义。

自从1996年《全国环境宣传教育行动纲要》中提出创建绿色学校活动的倡议以来,我校师生就积极行动起来,环境教育成效显著,学校先后被评为深圳市、广东省和国家级的绿色学校。我们通过主题探究活动让学生了解学校创建绿色学校以来的环境教育活动的情况和学校环境变化的过程,可使学生进一步地增强环保意识以及参与环保行动的积极性。

【小组活动】

1. 学生自愿组编活动小组,教师协助学生分好小组,选出小组长,每组5~7人,制定小组活动规则;

2. 学生提出问题:分组讨论校园内的绿化情况,提出想调查、观察的问题,并记录在活动表中;

3. 教师和学生小组一起将问题分类,如学校的植物种类及在学校的分布情况,环境教育基地、环保宣传橱窗和环保宣传牌,校园A、B、C、D、E区教学楼及周边区域的绿化特点等等;

4. 开展调查活动:每班以小组为单位在划分的区域内进行观察、调查活动,学生填写观察、调查的记录和建议,可用表格、文字、照片和图画等方式来表达,最后填好活动调查表。

合作学习的具体过程和安排

时间安排	活动内容	活动地点	人员安排	备注
第一课时	1. 介绍学习活动主题的相关内容 2. 组织学生观看校园绿化的录像片,引入本学期的活动主题"我们的绿色学校"。	阶梯教室	每班由班主任和一名任课教师具体负责。	1、2、3班安排在下午第一节。 4、5、6、7班安排在下午第二节课。 各班负责教师组织学生到阶梯教室。

第二课时	1. 回各班教室，编组，选出组长，制定小组活动规则。 2. 针对学校的绿化情况，提出需要观察、调查的问题。 3. 填写《绿色的校园》活动表(一)。	在教室里分组进行	同上	
第三课时	1. 针对学校的绿化情况，提出需要观察、调查的问题。 2. 将问题分类，制定调查计划。	在教室里分组进行	同上	
第四课时	各班分区域以小组为单位进行观察、调查活动。 **各班活动区域的安排** **星期二下午第二节课** 三(4)班 在环境教育基地及环保宣传碑附近 三(5)班 在小操场及B区一楼附近 三(6)班 在花坛及D区一楼附近 三(7)班 大操场靠近阶梯教室附近 **星期三下午第二节课** 三(1)班 在环境教育基地及环保宣传碑附近 三(2)班 在小操场及B区一楼附近 三(3)班 在花坛及D区一楼附近	小组成员在校园各区域内进行活动	同上	1. 教师要向学生强调活动中要注意的安全事项。 2. 指导学生填好活动表(二)。 3. 教师可根据班上的具体情况补充一些活动内容
第五课时	各班分区域以小组为单位进行观察、调查活动。 **各班活动区域的安排** **星期二下午第一节课** 三(4)班 大操场靠近阶梯教室附近 三(5)班 在花坛及D区一楼附近 三(6)班 在小操场及B区一楼附近 三(7)班 在环境教育基地及环保宣传碑附近 **星期三下午第一节课** 三(1)班 在小操场及B区一楼附近 三(2)班 在花坛及D区一楼附近 三(3)班 在环境教育基地及环保宣传碑附近	成员在校园各区域内进行活动	同上	1. 教师要向学生强调活动中要注意的安全事项。 2. 指导学生填好活动表(二)。 3. 教师可根据班上的具体情况补充一些活动内容 4. 要求学生下次课带制作展示板的材料

第六课时	1. 分组整理观察、调查的资料和提出的合理化建议。 2. 讨论如何写出调查报告。 3. 设计展示板	在教室里分组进行	同上	制作展示板的用具学生自带
第七课时	1. 写调查报告 2. 制作展示板	在教室里分组进行	同上	教师辅导
第八课时	1. 写调查报告 2. 制作展示板	在教室里分组进行	同上	教师辅导
第九课时	以小组为单位在班级内进行交流。	在教室里分组进行	同上	教师辅导
第十课时	每班选出几个展示板在年级内进行交流。 课后布置展示板黑板报。	阶梯教室	同上	1.2.3班安排在下午第一节。 4.5.6.7班安排在下午第二节课。 各班负责教师组织学生到阶梯教室。

小组活动表

班 级		组 别		活动时间	
小组成员名单					
我们组的活动规则					
我们想调查的问题					

校园植物分布的调查

班 级		组 别	
小组成员			
观察时间	年 月 日		
观察地点			
观察项目		观察记录	
观察区域内的植物种类及分布位置情况			

描述或画出观察区域的主要植物种类和区域内的绿化特点	
对观察区域的绿化我们想提出的合理化的建议	

活动评价	自己评	同学评	教师评
观察态度			
观察记录情况			
活动纪律情况			
合作精神			

校园植物分布的调查

观察者	年级____班____姓名____	观察时间	年　月　日
观察地点			
观察项目	观察记录		
1. 写出你看到的植物种名,并按序编号。 2. 用铅笔绘出你的观察路线图,将观察到的植物的形态错落有致地画在图上(植物的形态可画出叶的形状、颜色和叶长在枝条上的样子,花的形状、颜色等等。)在植物形态图的下面写上中文名称和拉丁文学名。 3. 可适当画上自然景物或人文景物。 4. 充分发挥你的想像力,大胆设想,巧妙构思。用彩色笔上色。			

活动评价	自　评	互　评
参与观察活动的情况		
做观察记录的情况		
观察活动中的环保行为		
辨认树种的情况		
与小组成员合作的情况		
遵守小组规则的情况		

【活动反思】

本课题活动增强了学生之间、教师之间、师生之间的交流与合作。学生们为了顺利开展活动,他们自行组织活动小组,制订了活动规则,彼此分工合作。学校三年级的教师都是本课题研究的指导教师,他们在安排活动时间时,彼此协调好课时,分别在下班后对学生进行指导。特别是学生在将观察、整理的资料制作展示板遇到困难时,美术教师下到班上去指导学生如何画校园校貌图。语文教师指导说明文的写作方法,科学教师介绍怎样观察植物和作观察记录。学校领导到三年级组询问活动的开展情况,为活动的顺利进行排忧解难。总之,大家心往一块想,劲往一块使,各司其职,各尽其能,使活动得到了很好的开展。

在综合实践活动课的评价上,我们要求学生以自我评价为主,特别是对自己在参与活动的积极性以及活动中的态度如是否认真观察,作了观察记录没有以及与小组成员的合作等方面进行重点评价。当然,由于学生基本上是在小组内活动,让学生倾听其他同学对自己的评价也是很有必要的,这样,可以帮助学生更恰当的评价自己。

我们在开展综合实践活动课时也遇到了一些问题,如时间的合理安排等。由于我校三年级有7个班,会出现本课与其他课时不好协调的问题。另外,由于综合课在活动开展的过程中变数比较多,预计1~2课时能完成的内容,学生实际用了3~4课时去完成。这样就打乱了活动计划,在课时安排上就经常需要调整,打乱了其他任课教师的课时安排和教学进度。如何处理这些问题,还有待在今后的综合实践活动课程研究中作进一步的探索。

(深圳市华侨城小学　邹玲珍)

研究方法

【课程描述】

　　根据科学探究的层次性,科学探究的方法可以划分为实践的方法和研究的方法两类,实践的方法大体上包括操作、制作、种植、饲养、采集、测量等;研究的方法主要包括观察的方法、提出问题的方法、实验的方法、查找资料的方法、思维加工方法以及撰写调查报告、实验报告和小论文的方法等。在综合实践活动课上,要开展丰富多样的实践活动,实践的方法是基础的探究方法。这些实践活动的方法比较简单,可操作性强,对有经验的教师来说,指导这类方法比较容易,而研究方法的指导对广大教师来说是一个新事物,操作起来颇不容易。

　　1. 指导观察的方法

　　观察是有目的有组织进行的感知觉活动。通过观察,可以发现科学现象,获得丰富的科学事实、数据和经验。在科学探究中,只有通过深入细致的观察,才能有所发现,有所创造。青少年有探究科学事物的天性,他们对周围的自然现象也注意和观察过,但是,观察能力不是天生就有的,观察方法也不是自然而然学会的,必须经过实践锻炼和有目的有计划地培养。

　　2. 指导提出问题的方法

　　科学探究应树立一个十分重要的理念,就是要让学生自己发现问题、提出问题,自己想办法解决问题。提出问题往往是科学探究的第一步,有了问题才能探究问题,才能推动学生想方设法去解决问题。因此,要创设问题情境,鼓励和激发学生提出问题。

　　3. 指导查找资料的方法

　　书籍资料是人类文明的结晶,是前人智慧的凝结。查找书籍资料就是学习别人的智慧,利用别人的研究成果。查找资料的方法也是学生研究事物的基本方法。

　　4. 指导上网的方法

　　当今,信息化手段在教育教学中运用得越来越普遍,以多媒体电脑和网络为代表的教学手段已成为教育发展的重要依托。利用丰富多样的网上资源,使研究性学习变得更加开放,更加丰富多彩。学生在研究过程中,当他们提出问题之后,可以通过上网来查找资料,解决问题。互联网上的信息纷繁复杂,学生在上网时会遇到数不胜数的广告,其中大部分是无关的甚至是干扰的信息。因此,要指导学生迅速作出判断,舍弃无关的东西,选择自己真正需要的信息资料,这样才能迅速有效地查找到所需资料。否则,就会浪费时间,甚至误入歧途。

　　5. 指导采访的方法

　　在研究事物、解决问题的过程中,学生会遇到许多困难,有时即使自己想办法也难

以解决，这时如果能求助于别人，特别是具有专业知识和能力的人，那么，他们的问题就可能迎刃而解，给他们成功的感觉。

此外，在科学探究中，还有一些其他方法，如为了获得数据资料，常用调查法；为了得到某种现象，得出结论，可以运用实验法；在研究问题时，经常要对观察到的东西、获得的信息资料进行分析、综合、比较、归纳、概括，就必须运用各种思维加工法。此外，写作小论文、调查报告、实验报告等要掌握相应的写作方法，要知道怎样确定题目、列提纲、整理资料、写作正文、修改文章等等，这些都需要教师作出深入细致的指导。

"我的家"问卷调查表设计

【活动背景】

在现代社会,人的工作时间加长,心理压力增大。很多资料显示,家庭成员之间相处的时间越来越少,彼此之间的真正了解与沟通变得艰难起来。因此导致夫妻离婚,孩子出走,少年犯罪等现象屡有发生。那么,造成种种不良结果的原因究竟是什么?这成了本次综合实践活动探究的问题,于是,在教师指导下,学生们设计了调查问卷,试图通过对六年级学生家庭的了解,来剖析当前普通百姓家庭里所发生的喜怒哀乐,为我们天下的每个家庭幸福美满做出贡献。

【设计问卷调查表】

1. 设计的调查问卷主要从学生的家庭构成、经济状况、家长素质、行为表现及对理想家庭的构想等方面考虑:

问卷调查表

同学们:

我们人人都有一个家,都有一个不一样的家,请把你们家的快乐与烦恼告诉我们,让我们与你共分享,同时希望对你有所帮助。也祝愿你们的家庭多姿多彩,祝愿你们的家庭幸福美满。

(一)请将你家的实际情况填在下面的括号里。

1. 我们家有(　)口人,他们是(　　　　　)。
2. 我爸爸的职业是(　　),我妈妈的职业是(　　　)。
3. 我每天大约有(　　)元的零花钱。
4. 我在家感到最幸福的是(　　　　),最烦恼的是(　　　　)。
5. 在家里我和(　　)的关系最密切,和(　　)的矛盾比较突出。

(二)请选择合适的答案,将序号填在(　)里。

1. 我们家的生活条件(　　)

　　A. 很好　　B. 比较好　　C. 一般　　D. 不好　　E. 非常差

2. 我的家长最关心我的(　　)

　　A. 思想　　B. 学习　　C. 身体　　D. 特长　　E. 其他

3. 在家里最关心我的是(　　)

　　A. 爸爸　　B. 妈妈　　C. 爷爷　　D. 奶奶　　E. 姥姥　　F. 其他

4. 我们家使用的主要交通工具是(　　)

  A．汽车 B．单车 C．摩托车 D．公交车 E．其他

5．在家里最辛苦的是（ ）

  A．爸爸 B．妈妈 C．奶奶 D．我 E．其他

6．我每天在家里的主要安排是（ ）

  A．写作业 B．做家务 C．读课外书 D．参加有意义活动

  E．玩耍 F．其他

7．我们家住的房子是（ ）

  A．自己购买的   B．暂时租住的

  C．单位安排的   D．其他

8．我们家的户口是（ ）

  A．常住   B．暂住

（三）请你用简练的词语或句子概括你们家的基本情况。

如，互敬互爱，经常充满火药味，心中有他人……

（四）请简要回答我们的提问。

1．我最理想的家是什么样的？请设想一下。

_____

_____

2．在我们家里发生过的一件最感人（或最高兴、最伤心、最遗憾、最气愤……）的事是什么？请具体描述。

_____

_____

大新小学综合实践活动课题组
2003 年 5 月 16 日

2．采访报告单

  为了对家长及家庭情况做进一步了解，我们还设计了一份《采访报告单》，让同学们设计不同的采访专题对家长进行有目的的采访，收到了比预期好很多的效果。

采访报告单

采 访 人		被 采 访 者		姓名		性别	
采访时间				年龄		职业	
采访地点		采访专题					
采访情况记录							

对采访内容的分析	
备注	

附注：

对他人进行采访，要注意以下几点：

一是要征得被采访者的同意；

二是对被采访者要有礼貌；

三是采访要有明确的目的性；

四是注意采访时与对方沟通的艺术；

五是采访的时间不宜太长。

【活动反思】

本次课题活动，学生们通过对各自家庭的人员构成、经济状况、家长素质、行为表现及对理想中的家庭所进行的活动调查，使大家对各自的家庭有了一个全新的认识，从调查中，大家得出一个共同的结论：经济条件好不一定是家庭好的惟一原因，家庭最需要的是温馨，是和睦，是彼此的理解与关爱。父母的文化素质不一定要很高，最重要的是懂得如何做人，如何做事，如何爱这个家。

在活动中，最让人感动的是学生们采访家长时的表现，他们一改往日在家长面前羞羞答答的窘境，根据采访对象的不同，设计了几十个采访专题。通过与家长的面对面直接对话，学生们了解了家长的内心世界和对孩子们的希望。家长们在回答自己孩子采访的过程中，也把自己的苦衷一一道来，这种零距离的接触，拉进了孩子与大人之间的距离，增进了彼此的友谊，也培养了学生们动手、动脑、交际、合作的意识，收到了事半功倍的效果。

（深圳市大新小学　吴希福）

面粉新鲜度的检测方法研究

【活动背景】

面粉是很多家庭必备的食品,可是在家中放置了较长时间的面粉就不能吃了,会变质变酸,因而我们推测放置了一段时间的面粉会和空气中的水分接触而发酸。可是靠肉眼不能很好地辨别面粉是否变质,我们就想研究用什么方法能方便、准确地检测面粉新鲜程度。

【设计实验记录表】

我们为了比较不同检测方法的效果,共准备了三种方法,分别为:

1. 试纸法   2. 指示剂法   3. 中和滴定法

以下是我们设计的实验记录表:

面粉新鲜度检测实验记录表

实验人:_____ 实验日期:_____

实验目的:

实验器材:

实验过程:

实验一:用 pH 试纸检测

面粉水溶液放置时间	第1次	第2次	第3次
72 h			
24 h			
1 h			

结论:

实验二:用石蕊检测

面粉水溶液放置时间	第1次	第2次	第3次
72 h			
24 h			
1 h			

结论：

实验三：用 NaOH 检测（分别取 20 毫升试剂进行实验）

面粉水溶液放置时间	第1次	第2次	第3次
72 h			
24 h			
1 h			

结论：

实验结果：

实验者的收获和体会：

指导教师意见：

【活动反思】

　　实验记录表用来记录实验过程和实验数据，其设计是整个实验活动不可缺少的环节，设计的质量也直接关系到实验的成败和实验结果的科学性。该实验记录表按实验由易到难排列，层次分明、过程清晰，用表格形式便于记录和比较分析，对整个实验研究起到很好的效果。

（北京大学深圳南山附属中学　胡　雄）

现代人与健康

【活动背景】

健康是人类永远的话题,是我们每个人追求的目标。我们的行为将直接关系到自己身心的健康,现在的都市人在学习、家庭、工作中奔波,在压力和动力下奋斗,一方面健身、旅游、保健、绿色成为时尚,另一方面电脑病、节日病、过劳症新鲜出炉。到底现代人是如何对待工作和休闲的?人们对健康有着怎样的理解和看法?我们就此进行了访谈和问卷调查。

【设计访谈表】

您的年龄:　　　　职业:

问题:

1. 您认为理想中的健康生活是怎样的?
2. 您认为心理、饮食、运动和生活规律哪一个对健康更重要?
3. 现在有一些保健品风靡全球,您对此有何看法?
4. 您觉得您的职业影响了您的哪些生活规律?
5. 如果条件容许,您最想改变的生活方式是什么?为什么要改变呢?

【设计问卷调查表】

1. 您觉得自己的工作(学习)压力:
   A. 很大,自己难以承受　　　　B. 比较大,自己感觉很累
   C. 适当,自己通过努力可以胜任　　D. 很轻松,没有压力
2. 您遇到困难时会:
   A. 勇敢面对,争取解决　　　　B. 寻求家人和朋友的帮助
   C. 逃避现实,束手无策　　　　D. 唉声叹气,悲观失望
3. 您每天用电脑(或看电视)的时间是:
   A. 半小时以内　　　　　　　　B. 不超过2小时
   C. 2小时以上
4. 您经常有疲劳的感觉吗?
   A. 几乎没有　　　　　　　　　B. 偶然有,但很快可以恢复
   C. 经常感觉很累,很长时间才能恢复　D. 一直觉得疲劳
5. 您在节假日最常见的活动时:
   A. 旅游,到公园　　　　　　　B. 和亲朋相聚,一起大吃大喝

  C. 大睡一场,通宵上网   D. 加班工作学习

6. 您平均每月就寝时间在凌晨2点以后的次数:
  A. 没有   B. 1~2次   C. 3~4次   D. 4次以上

7. 您平均每月运动多少次(一次运动时间持续半小时以上)?
  A. 没有   B. 1~2次   C. 3~4次   D. 4次以上

8. 您日常的饮食:
  A. 注意营养搭配和膳食均衡   B. 工作学习太忙,吃饭时间没有规律
  C. 没有太多考虑,顺其自然   D. 喜欢什么就多吃,不喜欢的就少吃

9. 您对自己生活的环境状况满意程度是:
  A. 很满意,没有什么环境污染   B. 比较满意,环境污染少
  C. 一般,有一些环境污染   D. 不满意,环境污染严重

10. 您对自己现在的健康状况的评价是:
  A. 很健康   B. 一般,还可以
  C. 不太健康   D. 很糟糕,不健康

【活动反思】

  针对现代人与健康的话题,学生进行的活动设计中既有问卷调查,又有个别访谈:在问卷调查中,问题涉及饮食、休息、工作、娱乐、运动、环境、心理等诸多因素,对被调查者较全面地进行了客观调查,有利于得到完整、准确的材料。访谈表的设计也有特点,有敏感问题(保健品)的探讨,有对健康生活的个人看法,有不同职业对生活方式改变的溯源,话题生动有趣,时尚睿智,相信会引起被访谈者的共鸣。

(北京大学深圳南山附属中学 胡 雄)

我和书报交朋友

【活动背景】

自上学期开始,我校四年级学生在学校领导及全体教师的支持下,开展了主题为"我和书报交朋友"的综合实践活动。

行万里路,读万卷书!书是人类的好朋友,现在学生们上了五年级,他们已经和书报交上朋友了,并且感情日愈深厚。

现在无论走到蛇口学校小学部五年级哪个班,都能看见学生三个一群,五个一堆,或在热烈讨论、或在皱眉深思,右手舞着剪刀,左手拿着报纸,这里比比,那里摆摆,他们在干什么?原来,他们在交流读书的体会,议论剪报的乐趣。往日盯着电视的眼睛,现在盯在书报上了,往日玩游戏机的手,现在摆弄起剪刀、胶水了。学生们已经养成了浓厚的读书剪报兴趣。

【活动设计思路】

一、指导思想:

1. 努力贯彻执行课程改革的精神,开展形式多样的课外实践活动。
2. 促进教与学之间的交流,取长补短,共同进步。

二、活动设计目标

1. 激发读书读报的兴趣,养成良好的读书氛围。
2. 养成积累知识的习惯,激发剪报的兴趣。
3. 商讨剪报的方法和技巧,不断提高动手的能力。
4. 与学生共同承担展示和交流的任务。

三、活动设计内容

1. 我和书报交朋友(大量阅读课外书籍)
2. 比比谁读的书报最多(评选读书大王)
3. 剪出一片新天地(剪报展览)
4. 看谁朗读棒(朗读比赛)
5. 看谁记的词语多(词语积累竞赛)
6. 剪出七彩童年(剪报技能展示与交流)
7. 活动后的反思交流(兴趣、方法、习惯、自信、自律)

【活动设计】

第一阶段：计划（四年级始）

1. 准备

（1）教师学习新课程标准；

（2）检查学生的课外阅读情况。

2. 计划

（1）确立主题：根据新课标要求定为"我和书报交朋友"；

（2）制定计划：针对当前信息的高速发展，电视、电脑的普及，学生读书的兴趣不高这种现象，要把学生的兴趣引到读书读报上面来，我们决定开展读书读报综合实践活动。

（3）讨论分组：以班级为单位，有目的地进行一系列读书读报活动；

（4）实施方案：每学期定1—3个专题活动项目，班级开展活动，年级统一检查，并上报学校备案。

第二阶段：实践

1. 准备：

（1）各班统计学生假期读书汇报情况；

（2）每班的读书典型事例或同学们的读后感；

（3）学生们收集摘抄的词语本；

（4）学生们制作的剪贴报本。

2. 活动具体安排

（1）四年级下学期

① 选出寒假的读书大王，并写出读书体会参加学校评选。（第二周）

② 举行年级朗读竞赛活动，请学校领导担任评委，选出1—3个优胜奖。（第九周）

③ 举行"剪出一片新天地"剪报展览，面向全校展示。（十四周）

（2）五年级上学期

① 选出暑假读书大王，并写出读书体会参加学校评选。（第二周）

② 举行年级成语竞赛活动，并将优胜者作品以专栏形式展出。

③ 举行"我爱读书，我爱剪报"剪报本技能展示与交流大会，邀请《深圳青少年报》记者参加，并在《深圳青少年报》里出一期专版。

④ 学生制定暑假读书计划（期末）

（3）五年级下学期

① 选出读书大王，写好心得体会，参加学校评选。（二周）

② 举行阅读知识大赛。（十周）

③ 举行"巧手剪出未来"活动。（十二周）

第三阶段：综合

1. 准备

（1）汇总活动中的成绩；

（2）有关读书的事例与名言。

2. 总结

(1) 各班进行讨论:这次活动我们收获多大?

(2) 填写活动评价表,进行评比,每班选五名标兵参加年级评选,年级再选十名优胜者。

(3) 每个学生制定出今后读书的计划。

【活动评价表】

"我和书报交朋友"活动评价表

项　目	自我评价(简单文字叙述)	自评	组评	师评
活动计划				
活动准备				
活动目标				
活动方法				
活动实施				
补　救				
总　评				
备　注				

【活动网络图】

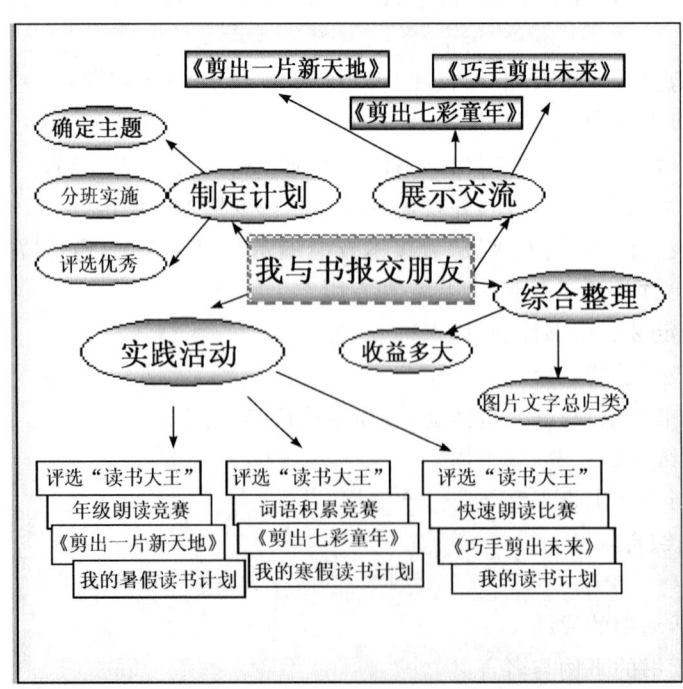

【学生收获】

　　我有一个爱剪报的习惯,那是受了我们班主任老师的影响。四年级的时候,老师叫我们做剪报本,并把她的剪报本拿出来让我们欣赏。当我们看到这些剪报本时,哇!同学们发出一阵赞叹声,太漂亮了,太好看了。我们简直就不敢相信自己的眼睛了。翻开内页,里面简直是知识的海洋,有歌曲,有摄影,有作文,有生活小常识,有科学知识……同学们看得入了迷,不时还发出一阵阵赞叹声。从那时起,我便下了决心,自己也要动手做剪报本。

　　放学回家后,我精心地找了一个本子,学着老师的方法,布置了第一本剪报本的封面。内页还选了一些文章贴上去。空白处,我就把自己平时收集的插图如小鸭子、米老鼠、唐老鸭、花束等,都贴了上去。花花绿绿,还真好看。

　　我把我的佳作给老师看,老师说:还是花了不少工夫,只是太乱了,你要学会分类呀!后来,每当读书读报发现了好的资料,我都剪下来,把它们夹在一本杂志里,日子一长,我就把所收集的材料整理一下,归好类,再把它们分门别类地贴在剪报本上。这一来,我更爱读书读报了,也迷上了剪报。日子一天天地过去了,我做的剪报本一天天多了起来,现在我已经拥有了8本剪报本。每天放学,我写完作业后就会翻开剪报本看一看,从中吸取一些写作文的优点,从中积累好词佳句,从中也学到了许多做人的道理。剪报本成了我学习生活中的良师益友。

五(6)班　郭惠

【活动反思】

　　综合实践活动是一种面向学生生活领域的综合性课程。它重视学生对实际活动过程的亲历和体验,强调以学生的兴趣、问题和直接经验为基础,以主题的形式对课程资源进行整合。本年级"我和书报交朋友"的活动,就是围绕这一宗旨所开展的系列主题活动之一。这些活动从激发学生读书读报的兴趣,培养学生自主能力入手,进一步推动了业已在学生当中涌现的读书读报热潮。

　　通过这次综合实践活动,学生们的读书读报兴趣越来越浓厚,而且很多学生养成了积累知识的习惯。这对拓宽他们的视野,增长他们的综合知识起到了极大的促进作用。

(深圳市蛇口学校　尉迟敏　魏　岚　潘伟勋　温碧婉)

"桥"的主题探究

【活动背景】

桥梁是人类所建造的最古老、最壮观、最美丽的一种建筑工程。桥梁与人类的生活密切相关,没有桥梁,我们的生活将受到很大的制约。正是四通八达的公路桥、铁路桥把世界联系得如此紧密,正是功能各异的立交桥、过街天桥让城市生活轻松便捷。

小学语文教材中,也有许多课文是与桥有关的,比如:《赵州桥》、《飞夺泸定桥》、《兰兰过桥》、《南京长江大桥》、《卢沟桥的狮子》等等。学生在学习网站、互联网上查找资料(或者询问家长以及桥梁方面的专家,或者去图书馆查阅书籍、报刊,提取相关资料),提高了收集信息、处理信息及整理信息的能力。

【活动准备】

一、导入

教师首先请学生观看一段视频《桥》,然后请学生叙述一下都看到了哪些桥。

接下,教师来让学生说一说这些桥各有什么特点。

教师提问学生:不同的桥各有什么作用?

通过这几个提问,引发学生们思考,让他们对桥产生兴趣,从而愿意主动地去了解、研究桥。

二、提出问题

学生将提出来的问题提交到教学讨论区(BBS)上,主要问题有:

1. 桥的发展史(历史、现状、未来)。

2. 桥的种类。

3. 中国有哪些著名的桥?

4. 世界有哪些著名的桥?

5. 著名的桥梁专家。

6. 关于桥梁的灾难。

7. 桥梁之最。

8. 关于桥的故事、电影、歌曲。

9. 桥梁在军事上的战略地位。

10. 国内外的桥梁工厂。

11. 建造桥梁的新技术。

12. 关于桥的邮票。

13. 我国桥梁建设技术在世界的地位。

【网络学习】

教师按照不同的角色给学生设定若干个学习小组,学生自主选择要加入哪个小组。教师在网站上给出学习建议及每个小组要完成的任务。这些任务的设定是从培养学生的语言智能、数理逻辑智能、视觉空间智能、音乐智能、人际关系智能、自我认识智能等角度来安排的。

1. 给学生的任务

(1) 每个同学要扮演一个角色,有文学家、历史学家、桥梁设计师、新闻记者、统计学家、艺术家等等,要从他们的角度来开展活动。

(2) 在开展活动时,按照角色来进行分组。组内的同学应该互相帮助,共同努力,争取成为最优秀的小组。

(3) 活动结束时,以小组为单位进行成果汇报。让学生将研究成果制作成幻灯片来发布。

2. 给学生的建议

(1) 最后的成果演示是以小组为单位的,但每个专家都要负责好自己的那一部分。

(2) 充分利用学习网站上提供的资源。

(3) 有些问题可以采用几个专家共同研究的方式来进行,学生要做好分工合作。

(4) 上网调查时要做好笔记。对有用的站点要做好记录以便必要时可以迅速地上去再查看。记住界定抄袭的标准。剽窃别人的想法、作品或把它们作为自己的东西就是抄袭。不允许使用书本、文章里、或网站上的东西时隐瞒它们的作者。

(5) 展示成果的形式不限,实物、Word 文档、PowerPoint 幻灯片、网页、动画均可。

(6) 一旦每个科学家都完成了自己的部分,就要在小组碰头,拿出各自的成果。向小组其他成员征求意见。

(7) 每组在展示成果的时候要有一名主持人,演示成果的顺序要商量好,正式展示之前最好在组内彩排一次。

3. 给各小组的任务:

(1) 历史学家

我国现存的古桥有哪些?分别在什么地方?建于什么时间?有什么特点?

学习表格

序号	桥名	地点	建成时间	特点	其它
1					
2					
3					
4					

(2) 作家、诗人

① 以桥为背景,创作一个含有人物、情节和主题的小说或传奇故事,要有现实性或想像力。

② 写一篇实地考察报告,叙述某一座桥。

③ 收集报纸和杂志中有关桥的文章及图片,并制作一张剪报。

④ 写诗歌,创作有关桥的诗歌、歌词。

(3) 编辑

创作一本有关桥的词典,并加插图说明。

词典范例

序 号	词 语	解 释	插 图
1	梁桥	以受弯为主的主梁作为主要承重构件的桥梁。	示意图
2	拱桥	是以承受轴向压力为主的拱(称为主拱圈)作为主要承重构件的桥梁。	示意图
3	斜拉桥	由主梁、斜向拉紧主梁的钢缆索以及支承缆索的索塔等部分组成	示意图
……	……	……	……

(4) 统计学家

调查一下解放前长江和黄河上各有多少桥,解放后每隔10年统计一下各有多少桥,现在有多少桥,进行比较,写出你的发现,用图表的形式表示。

学习表格:长江

序 号	年 代	桥的数量
1	1949年以前	
2	1949～1959	
3	1959～1969	
4	1969	
5	1979	
6	1989	
7	1999	
8	1999年至今	

学习表格:黄河

序 号	年 代	桥的数量
1	1949年以前	
2	1949～1959	
3	1959～1969	
4	1969	
5	1979	
6	1989	
7	1999	
8	1999年至今	

(5) 雕塑家、画家

① 制作一座桥,方法不限,如使用泥雕、折纸、刻木或肥皂雕刻等方法。

② 画一幅桥的图画。

(6) 新闻记者

历史上出现过几起桥梁倒塌的事故,比如:宜宾塌桥事故、綦江彩虹桥整体垮塌事故等等。请从新闻记者的角度分析大桥垮塌的原因。

学习表格

序　　号	发生事故的桥	事故原因	有何预防办法

(7) 桥梁设计师

① 画出一座立交桥的示意图。

② 你认为现在的过街天桥有什么缺点吗？如果有,你有办法改进吗？

③ 观察你身边的立交桥,研究一下它是如何实现立体交通的。

④ 研究一座桥,阐述其类型,结构,原理。

(8) 作曲家、指挥家、音乐评论家

① 搜集与桥有关的音乐给同学们听。

② 演奏或演唱。

【活动反思】

1. 信息技术与课程整合是信息技术教育发展的方向,通过网络主题探究活动,既可以提高学生的信息技术水平,又有助于提高其他学科的知识水平。学生在解决问题的过程中掌握了信息技术;有了计算机网络,学生可以很方便地找到问题的答案,他们已经将信息技术作为学习的主要工具。

2. 制作主题学习网站对于计算机教师来说是优势。开展网络主题探究活动也就是发挥了计算机老师的长处。

3. 学生的创造力与想像力是无穷的。而且学生在网上发表习作的欲望非常强。比如杨舒惠同学写的小故事《龟兔在桥上赛跑》就非常富于想像力。

4. 在活动中指导教师也遇到过许多困难,因为计算机教师和学生接触的时间有限,只有利用每个星期天下午(学校兴趣活动时间)开展活动。因此,给学生布置的任务,不太容易落实,这就需要与班主任老师配合好。另外,对于学生语言智能的培养,语文老师的指导是不可替代的。因此,计算机教师和班主任教师合作开展基于网络的综合实践活动是个很好的方式。

(深圳市南山实验学校　高　鹏　刘　影)

中学生与流行音乐

【活动背景】

音乐无国界,音乐使我们的生活变得更加丰富多彩,使人与人之间的心灵靠得更近。中学生喜欢流行音乐是巧合还是必然?我们从流行音乐对中学生心理发展的影响来进行分析研究。

【设计访谈表】

访 谈 表

您的年龄: 　　　　　　　　职业:

问题:

1. 您喜欢流行音乐吗?您对中学生听流行音乐有什么看法?
2. 您认为中学生喜欢听流行音乐的因素有哪些?
3. 听流行音乐对中学生有什么好处?
4. 如果学校播放流行音乐,您对此有何看法?

【设计问卷调查表】

我们设计的调查问卷主要是调查学生家里流行音乐碟的数量、种类、听音乐的时间及场合,音乐对学习的影响及其作用等方面,从而知道流行音乐对中学生的影响程度,具体内容如下:

流行音乐调查表

您好!

真抱歉!浪费了您宝贵的时间接受我们的调查,请在您觉得最满意的一项上打勾,谢谢合作!

(1)你喜欢听音乐吗?
　　A. 非常喜欢　　B. 喜欢　　C. 一般　　D. 不喜欢
(2)你家中音乐碟大部分来于何处?
　　A. 家人买的　　B. 自己买的　　C. 朋友送的　　D. 其他
(3)你每周花多少时间欣赏音乐?
　　A. 1小时　　B. 3小时　　C. 7小时　　D. 其他
(4)你觉得流行音乐吸引你的是什么?
　　A. 歌手　　B. 旋律动听　　C. 歌词美　　D. 其他
(5)你认为听流行音乐会影响工作学习吗?

    A．会   B．不会   C．看具体情况

 （6）你认为听流行音乐有什么好处？

    A．放松自己 B．消除烦恼 C．消磨时间 D．其他

 （7）你通常在什么时候听流行音乐？

    A．开心时   B．无聊时   C．不高兴时

 （8）你最喜欢哪一种类型的流行音乐？

    A．英文版   B．中文版   C．白话版   D．韩语版

 （9）你家关于流行音乐的碟有多少？

    A．很多   B．较多   C．少许   D．没有

 （10）你喜欢在什么样的地方中听流行音乐？

    A．在外带随身听或mp3 B．独自在家放音响

    C．哪里都喜欢   D．其他

 （11）你一般喜欢哪里的流行音乐？

    A．台湾   B．香港   C．内地   D．国外   E．其他

 （12）你经常以什么方式听流行音乐？

    A．CD/VCD B．录音带 C．电视 D．广播 E．上网

【数据分析】

  调查结论由学生发出的问卷得出，发问卷的范围是我校的七、八、九年级的所有学生，做法是每位学生单独答卷，答卷的时间不超过三分钟。所有问卷没有出现答卷同学的班级和姓名，共发下问卷1100份，收回问卷1010份，回收率为91.8％。数据分析如下：

问题1．你喜欢流行听音乐吗？

问题选项	A 非常喜欢	B 喜欢	C 一般	D 不喜欢
比例	60％	30％	6％	5％

  问题分析：据调查数据显示，大约90％的中学生非常喜欢或喜欢流行音乐，而一般或不喜欢流行音乐的中学生不超过7％，从这点看出中学生对音乐非常热爱。事实上，流行音乐在中学生的日常生活中占据了很重要的位置，这也许是因为流行音乐具有一种难以抗拒的魅力——陶冶人的情操，调节人的心情。他们喜欢流行音乐的原因是(1)现代的流行音乐有很强的节奏感。(2)有的中学生则是因为追星而渐渐喜欢流行音乐的。(3)现在的青少年时兴潮流，为了赶上潮流，渐渐对流行音乐产生热爱。

问题2．你家中的流行音乐碟大部分来于何处？

问题选项	A 家人买的	B 自己买的	C 朋友送的	D 其他
比例	11％	62％	2％	25％

  问题分析：据调查显示，中学生的光盘62％是自己买的，通过其他渠道得到的占25％，而家长买的只占11％。这些数据说明，中学生具有很强的理财能力，他们用自己的零花钱来获得自己喜欢的东西，也说明中学生在有些方面不需要依赖父母。而通过

其他方式获得流行音乐的中学生,是通过网络下载。现在的科技非常发达,通过网络可以获得所喜欢的各种各样的流行音乐,既方便又省钱。这也说明中学生对电脑网络非常熟悉。

问题3.你每周花多少时间在欣赏流行音乐上?

问题选项	A 1小时	B 3小时	C 7小时	D 其他
比例	19%	25%	17%	39%

问题分析:据调查显示,每周花3小时欣赏音乐的中学生占25%,其他时间的占39%,而花1小时和7小时的则不超过20%。这些数据说明,虽然非常喜欢流行音乐的中学生大约占90%,但由于他们是中学生,他们主要的任务是学习,再加上学习压力大等原因,所们他们不会花大量的时间去欣赏流行音乐,听流行音乐只是用来调节心情,放松自己。

问题4.你觉得流行音乐吸引你的是什么?

问题选项	A 歌手	B 旋律动听	C 歌词美	D 其他
比 例	13.2%	56.5%	24%	6.3%

问题分析:据调查分析,中学生对音乐的看法各不相同。大多数的中学生认为音乐吸引他们的地方是动听的旋律,约占56.5%。由此可见,动听的旋律是最为吸引中学生的。这是因为动听的旋律可以给人带来愉快的心情,带走烦恼,消除疲劳。听音乐时,动听的旋律会引人进入无忧无虑的境界。其次,一部分学生认为吸引他们的是歌词美,人数约占24%。可见,一首歌不仅要旋律动听还要歌词美,美的歌词也会使人听起来较为舒服。另外,少部分学生觉得歌手也是吸引他们的地方。极少数学生另有原因。根据以上分析得知,音乐吸引中学生的往往是动听的旋律,再者是美的歌词。

问题5.你认为听流行音乐会影响工作学习吗?

问题选项	A 会	B 不会	C 看具体情况
比例	5.5%	57.9%	36.6%

问题分析:根据调查分析,约58%的中学生认为听音乐不会影响学习。有36.6%的中学生觉得要看具体情况,仅有5.5%的中学生认为会影响学习。有学生说:因为音乐本身就是生活中的一部分,我们都是在音乐的陪伴下成长的。当你感到疲劳时,听听流行音乐放松自己;当你感到烦恼时,它能消除烦恼。在学习工作之余,动听的流行音乐还可陶冶你的性情。

问题6.认为听流行音乐有什么好处?

问题选项	A 放松自己	B 消除烦恼	C 消磨时间	D 其他
比例	49.6%	28.4%	12.6%	9.4%

问题分析:通过调查分析,中学生对流行音乐的看法各不相同。对于流行音乐有什么好处,一半以上的同学认为流行音乐最大的好处是放松自己,28.4%的学生认为听音

乐的好处是消除烦恼。

  优美动听的流行音乐能使人身心放松,使人抛开心中的一切烦恼,使人的心情变好。它是情绪变化的指使者,如听伤感的音乐时,会使人落泪;听欢快的音乐时,就会使人心情愉快;听节奏感很强的音乐时,使人想伴随着节奏动起来。因此当学习劳累时,请听听优雅的音乐使自己紧张的学习心情得以放松。

问题7. 你在什么心情下听流行音乐的?

问题选项	A 开心时	B 无聊时	C 不高兴时
比例	30.4%	53.9%	15.7%

  问题分析:选择A(开心时)占总人数的30.4%,选择B(无聊时)占53.9%,选择C(不高兴时)占15.7%。从这一数据看来大多数人都选择在无聊时听流行音乐,由此可知,流行音乐可以让人心情舒缓,让人陶醉其中,让人忘记了一切不开心的事,让学生的生活更加精彩。有部分学生选择开心时听流行音乐,这是因为音乐可以营造一种开心的氛围,让快乐的心情得以延续,或把自己心中的快乐用音乐表现出来。

问题8. 你最喜欢哪一种类型的流行音乐?

问题选项	A 英文版	B 中文版	C 白话版	D 韩语版
比例	18.5%	37.0%	38.1%	6.3%

  问题分析:从上表的数据,不难发现:选择C的约占46.75%,B占45.5%,A占22.73%,D占7.8%,从这组调查数据来看,大多数学生都喜欢听白话版的歌曲。这是因为深圳的方言是白话并且临近香港,和香港文化交流比较密切,香港的音乐紧跟着世界的潮流,所以深圳的学生比较喜欢讲白话,听白话歌曲。英文版和韩语版听懂的学生不多,听英文版和韩语版的学生,他们大多数是为了帮自己创造一个学习外语的环境才听。

问题9. 你家关于流行音乐的碟有多少?

问题选项	A 很多	B 较多	C 少许	D 没有
比例	22.9%	34.0%	38.8%	4.3%

  问题分析:据调查分析,家里有很多流行音乐碟的中学生占总数的22.9%,家里有较多碟的中学生占34%,有少许碟的中学生占38.8%,没有碟的中学生占4.3%。从数据上看来,家里有碟的中学生占了大部分,约95.7%。说明中学生都比较喜欢流行音乐,因为处于青春期的学生充满了活力和朝气。另外买音乐碟最方便,碟的音质最好,能更好地享受音乐。

问题10. 你喜欢在什么样的地方中听流行音乐?

问题选项	A 在外带随身听或 mp3	B 独自在家放音响	C 哪里都喜欢	D 其他
比例	24.67%	36.18%	35.20%	3.95%

问题分析:据调查分析,选择在家放音响听音乐的同学人数最多,约占总数的36%,这是因为在家可以静静地享受音乐的悠扬、动听,还可以和家人享受这天伦之乐,并且音乐还可以陶冶人的情操。

可见,位居第二的是"在哪里都喜欢听音乐"的同学,与前者只相差1个百分点,约占总数的35%。正如音乐老师所说生活处处有音乐,说明同学们对音乐相当热爱,以至于何时何地都不忘音乐。

而选择外带随身听或MP3的同学也有相当的一部分,约有25%,如今的科学技术十分发达,普通的一个随身听或MP3已经变得非常小,可随身携带。正是因为这样才方便了这些音乐爱好者,外出时,音乐也时刻陪伴着中学生,想想是多好的一种享受。

从以上可以看出,学生们听音乐的场合以及方式是多种多样的,不管选择哪个,都可看出大家对流行音乐是十分热爱的。

问题11. 你一般喜欢哪里的流行音乐?

问题选项	A 台湾	B 香港	C 内地	D 国外	E 其他
比例	21.36%	38.69%	12.56%	21.36%	6.03%

问题分析:据调查数据显示,约有39%的中学生喜欢香港地区的流行音乐,喜欢台湾与国外的流行音乐的学生也各占了约21%,而内地音乐的爱好者则只有13%。

这说明香港的流行音乐是非常受同学们欢迎的。这也许跟香港的历史背景和地理环境有关,无论科学技术还是娱乐文化都是走在世界的前列的,紧跟世界的潮流的。而香港又是中国的一部分,这就有点中西结合的味儿了。香港与深圳只是一海之隔,两地之间联系非常密切,香港同时又是一个明星璀璨的地区,不少明星、歌曲都深受人们欢迎。相对于香港,内地的发展是比较慢的,还不能完全走出中国,面向世界。所以不少青少年总爱选择香港的流行音乐,而不去听内地的了。

台湾跟香港一样,娱乐文化水平也是处于比较领先的地位,紧跟时代的步伐,但也许是与深圳相隔较远,双方的联系没有香港密切,这可能是一方面的原因。听国外流行音乐的同学,也许是一方面可以欣赏音乐之美,一方面又可以学习外语的缘故吧!

总而言之,中学生是紧跟时代潮流的现代青年。

问题12. 你经常以什么方式听流行音乐?

问题选项	A CD/VCD	B 录音带	C 电视	D 广播	E 上网
比例	49.24%	4.82%	13.71%	4.31%	27.92%

问题分析:依数据显示,约有49%的中学生是通过CD/VCD来欣赏音乐的。随着高科技的发展和到来,家用电器的普及,所以通过CD/VCD来欣赏音乐的同学非常多,而且通过CD/VCD可以随意选择自己喜欢的流行音乐来听,十分方便,且音质好。如今电脑现在正在普及化。通过网上获取音乐的同学也有相当的一部分,约占了28%。

现代人听音乐时,十分讲究音色好坏,而磁带的音色比较差,所以在所有听音乐的途径中,听磁带的人比较少,不到5%。现在每个家庭都有电视,但从电视上听音乐的同学也不多,约占14%。电台的节目预先安排固定,只有某些音乐节目或一些演唱会才能听到音乐。通过广播听音乐的人也是非常少的,只占了4个百分点,也许是因为通过广播收听的音乐效果差,音质不好,经常夹有噪声,收听不清,而且不能随自己意愿选择自己所喜爱的音乐来欣赏。

以上说明,广大音乐爱好者对音乐的音质要求是比较高的,也说明现代科技发展之快,信息传播渠道之多之快。

【活动反思】

综合实践活动是一门开放性、实践性课程,它强调学生亲历参与学习活动的过程,在生活情景中掌握并运用各种学习的方法,使学生获得丰富的体验。

流行音乐正充斥着我们生活的每一个角落,而青少年总是与流行音乐联系在一起,即使在校学生也不例外。许多家长或教师总是想方设法制止中学生喜欢流行音乐,但结果是徒劳的。本研究告诉我们,中学生喜欢流行音乐是心理需求以及心理上需要解决问题。

在这次实践活动中,学生所表现出的能力是教师所想像不到的,他们从最初确立调查课题到制订调查表格,都能自主提出问题并积极讨论和修改。通过这次活动,他们不但明白中学生喜欢流行音乐的原因,而且还明白流行音乐会对学习产生的负面影响,学会如何处理好两者的关系,使流行音乐成为他们学习的润滑剂。

(深圳市松坪学校　李慧桥)

探索生命

【活动背景】

现实生活中残害生命、不珍惜生命的现象屡屡发生：

1. 自焚事件

2001年1月23日，新世纪的第一个除夕，可令人震惊的事件在这个举国欢庆的时刻发生了——几个痴迷于法轮功的顽固分子在天安门广场自焚。更加让人难以置信的是：其中竟然有19岁的女大学生陈果和12岁的小学生刘思影，如花的生命就这样被摧残了……

2. 北京网吧事件

2002年6月16日凌晨2时43分至3时30分，北京"蓝极速网吧"一场人为的大火使25个年轻人命归黄泉，令人震惊的是放火的人是一名年龄仅仅十几岁的孩子，放火原因也很简单，只是和网吧老板有点小矛盾，为了报复而放火……

3. 毒品之灾

目前全国登记在册的吸毒人数已达90万人，80%是35岁以下的年轻人。据不完全统计，吸毒人数还在不断上升。去年底，我国共报告艾滋病病例累计达到100万多例（还继续在上升），由共用注射器吸毒感染的达到70%左右，这一数字已经引起了联合国和国际社会的极大关注。全世界吸毒人数早已超过5000万人，遍及五大洲。因为吸毒而死亡的人不计其数……

生命是永恒的话题。我们应该怎样对待生命、认识生命、了解生命，又怎样去珍惜生命？为了让大家对生命有一个更深刻的认识，逐步培养正确的生命观、人生观，我们以探索生命为主题进行课题研究，利用网络资源探索生命的奥秘。

【提出问题】

围绕"生命"这一话题，教师启发学生提出问题进行思考：

1. 我们是怎样来到这个世界的？
2. 人类是怎样诞生的？生命的起源是什么？
3. 危害生命的因素有哪些？
4. 怎样对待生命，生命才有意义？
5. 为什么会存在自杀、吸毒等不珍惜生命的现象？
6. 我们应该怎样去珍爱我们的生命？

【明确任务】
　　1.利用网络,浏览与"生命主题"相关的资料,进行收集、整理、分析,并及时作好记录。
　　2.寻找合作伙伴,明确分工,协作商讨共同进行探究活动。
　　3.撰写一份研究报告,一份活动体会,汇报交流后交给老师。
　　4.制作一份电子作品,可以是PowerPoint演示文稿、主题网站或者其他形式的电子作品,汇报交流活动时用。
　　(备注:整个探究活动需要小组成员相互合作共同完成,组员也不仅仅做好自己份内的工作,还要和其他组员进行交流协作。小组长在整个活动中要起组织协调作用,让探究活动更深入。)

【网络资源】
　　资源网站链接:
　　生命的探索:http://www.lifexpl.com/
　　生命奥秘探究:http://smam.myrice.com/
　　生命科学站:http//www.coolbionet.com/
　　外星生命:http://ufoufo.myrice.com
　　生命驿站:http//netroom.hbu.edu.cn/personal/gene2000/
　　生命的起源:http://www.kepu.com.cn/gb/earth/ocean/halobios/
　　地球生命的诞生:http//nerroom.hbu.edu.cn/personal/fene2002/life-qiyuan.htm
　　人类的诞生:http//netroom.hbu.edu.cn/personal/gene2000/life1.htm
　　吸毒:http://www.east-doctor.com/drug/drugenda.html
　　吸毒的危害:http://www.peopledaily.com.cn/wsjk/zhuanti/xidu/home1.htm

【探究途径】
　　学生利用2002年暑期进行本次主题探究活动。大部分活动是学生利用网络资源自主合作完成,其中集中活动8课时的时间(假期前和假期结束学生集中活动各2课时,在假期中利用网络通过学校网上论坛定期进行集中活动4课时)。
　　1.探究活动准备——提出探究主题(集中活动1课时)
　　(1)提供资源:教师为学生提供介绍与生命有关(生命奥秘、残害生命……)的录像、图书资料、相关报道等,让学生通过观看浏览深入了解探究主题——"探索生命";让学生明确进行这次主题探究的意义。
　　①学生自主浏览资料。
　　②学生记录自己感兴趣的资料。
　　③学生谈浏览后有什么感受。
　　(2)讨论归纳——探究主题:(在列出需要着手解决的问题之后,需要进一步对问题进行讨论,扩大对教师提供的资料的全面了解。通过讨论,筛选出学生认为对生命认识理解最重要的、最有价值的几个方面。)
　　①浏览资料,集中讨论,记录自己感兴趣的问题。
　　②总结归纳讨论结果,记录有价值、有意义的问题,确定研究主题。
　　2.探究活动准备——进行分组并明确分工(集中活动半课时,自由组合学习)

（1）让学生分类整理问题，列表，提炼有价值的问题。
（2）让学生根据自己的兴趣，自由组合寻找自己喜欢的合作伙伴，进行分组。
（3）明确小组成员的分工。

说明：学生在提出问题过程中，教师要及时引导学生在提出问题时进行适当分类，这样便于对问题多角度认知，并且要让学生学会如何根据问题要求选择重点。小组成员最好不超过5人。每一组最好针对一个或两个问题进行探究，这样探究活动才会有深度和广度。

3. 活动过程——收集信息、交流评价（以小组为单位活动）

（1）收集信息

① 聚焦问题

针对本小组确定的探究主题，分组讨论，并列出你选择本主题的原因（及时做好记录，这样更便于进一步的探究活动）。

② 资源搜索

使用关键词，在网络上搜索、访问与生命相关的网站。并围绕本组所确立的学习主题，收集相关的、可靠的、可用的信息。如果网络资源不足，学生还可以通过其他途径收集资料。如，到各类图书馆查找相关资料或者采访相关的专家学者，以达到解决问题的目的。

③ 记录分析

把收集到的相关资料进行深入分析与筛选，精选出对本组探究主题有用的资料。（提醒学生注意信息的来源，养成记录的习惯，并记录信息的出处。）

（2）交流评价（学习小组）

① 小组讨论，加深对相关问题的理解。（讨论形式：可以以小组为单位集中讨论或者在学校的专用区论坛上进行讨论交流。）

② 记录同一组交流的相关内容。

③ 总结反思

重新思考本小组将要完成的学习主题，通过小组内的信息交流和讨论，记录每个学生对生命较为共性的认识，并进行重点讨论。

（小组各成员之间肯定也存在不同的问题，一定要尊重学生的独特体验，让学生根据自己的兴趣探究相关问题。）

4. 探究活动过程——全班学生交流讨论

学生利用学校网上专用论坛、网络会议，定期进行讨论交流，让学生自由发挥，教师进行适当的指导和监控。

（1）交流共享各自收集到的信息，让资源高度共享。

（2）学生提出自己不易理解的问题，并进行讨论，以达到共同进步、互相学习的目的。

说明：讨论的前提是要让每个学生做好准备，都要积极参与，并能大胆的发言，教师对论坛及时监控。

5. 探究活动过程——深入认识，完成作品

（1）分组集中讨论小组选定的学习主题，深入认识。

(2) 小组分工合作完成研究报告、主题网站和活动体会。

(3) 反思。

反复推敲在研究报告或电子作品中存在的一些较为模糊的地方,再次思考,继续完善主题探究电子作品。

(深入讨论这一环节难度比较大,学生有可能出现无从下手的困惑,这时教师就要适时适当地进行引导,让学生选择适当的角度逐步深入分析。选择的角度一定要小,分析时要让学生学会多问为什么。在撰写研究报告时,教师要指导学生注意写作格式,要有自己鲜明的观点。)

6. 探究活动总结——汇报交流,完善作品(集中活动 2 课时)

(1) 以小组为单位进行汇报

① 在小组成员共同准备的基础上,派代表向全班汇报本组同学的研究成果。

② 小组成员记录好报告及其他学生提出的问题和本小组成员的回复。

(2) 倾听各小组的汇报

要求:

① 记录下其他小组汇报的要点。

② 在笔记上及时写下自己打算提出的质询问题。

③ 记录下该小组对自己所提问题的回复。

(3) 以小组为单位,加强合作,继续完善主题探究作品。

学生在网上论坛专用区上就某些有价值的、关键性的问题进行讨论。

(在交流过程中,小组成员要积极配合,尽量完整阐述本组探究成果。同时要让学生在交流过程中学会如何应对别人的质疑;学会通过运用各种方法为自己的观点服务,准备要充分;要学会及时总结反思,进一步深化自己的认识,让探究活动更加有效、更加深入。)

7. 探究活动总结——提交、发布作品

作品提交要求

(1) 作品格式:

◆ 将 doc 格式的研究报告、活动体会电子作业文档命名为学号+th.doc

◆ 将 doc 格式的学习记录电子作业文档命名为学号+jl.doc

◆ 将 ppt 格式的演示文稿文档命名为学号+shm.ppt

◆ 将 html 格式的主题网站命名为学号+H.html

(2) 作品提交方式

◆ 将 doc 格式的作业文档作为电子邮件的附件,提交给任课教师。

E-mail:tangxiaoyong@sznx.com.cn(替代方法:将纸质的作业当面递交给任课教师)

◆ 将 ppt 演示文稿、htm 主题网站,压缩在软盘中,或者刻成 CDROM 光盘当面递交给任课教师。

8. 教师总结

教师总结本次主题探究活动,重点是总结学生在本次生命主题探究活动过程中的收获和体会以及学生自主、合作、探究能力的情况。

9. 学习建议

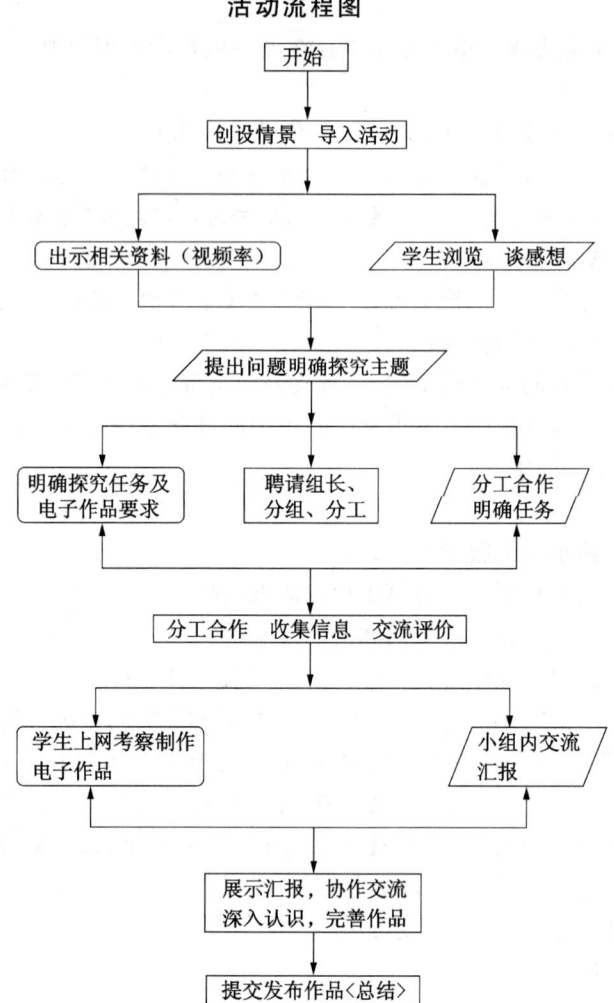

学习评价表

评价项目		评价结果			
		完成	统计结果(%)	典范	统计结果(%)
综合分析	主题判断	选择了一个学习主题,能从几个方面阐明选择的依据。能对搜索的资料进行初步分类、分析,能从多个角度来认识问题,有自己独特的见解。	60%	能较准确、清晰、多角度地阐明所选学习主题的依据,对收集到的资料能进行细致分类、分析、总结,能全面认识生命的真谛,并且对问题认识有与众不同之处。	40%
	主题分析	能从生命的起源、生命的生理系统、生命的意义、残害生命等其中的几个方面进行较深入的探究,分析理解有一定的深度与广度。	75%	能从生命的起源、生命的生理系统、生命的意义、残害生命等角度深入挖掘,能逐步认识生命的真谛。	25%

表达能力	口头表达	普通话标准,有感情地叙述,有相应的肢体语言配合表达,对表现主题有一定的帮助,整个演讲过程流畅。	65%	普通话标准流利,声音悦耳动听,有强烈的感染力。能恰如其分地运用肢体语言表达思想情感,演讲过程通篇流畅,一气呵成。	35%
	书面表达	语句表达通畅清晰,没有错别字现象。正确表达自己的观点,通篇文章条理清楚,结构完整,符合文体格式。	80%	语句表达能运用恰当的修饰,简明流畅、生动形象,能鲜明地表达自己的观点,通篇文章条理清晰,结构严谨,完全符合文体格式。	20%
合作学习	小组合作	每个人都能积极参加小组活动,通过协作,能较好地完成合作任务,基本解决合作中存在的分歧。	85%	全组成员能同心协力完成每一次的协作任务,职责分工明确,能很好地解决合作中产生的冲突。	15%

【活动反思】

学生在本次主题探究活动中收获很多,但活动过程也存在着一些不足。本人认为,实施网络环境下的主题探究活动,可以从以下几个方面改进:

1. 关于活动设计。

本次活动设计主题范围较大,对学生的选题不够细化,导致学生主题探究的目的性不够强,未能把握好探究方向。今后,主题设计应让学生多参与,课题不能过大,否则难以深入进行探究活动。

2. 关于活动过程。

教师在活动过程中的指导不够到位。学生自主活动的时间多,这虽然有助于培养学生的自主能力,但由于学生的认知能力发展不均衡,对事物的认知也不够深入,容易导致探究活动停留在表面。在今后的探究活动中,教师要注意发挥指导作用,让小组学生的合作学习更有效。

3. 关于活动评价。

活动评价分类尚不够科学,也不够细化,小组内的评价没有及时记载。小组之间的交流、展示不够充分。

(深圳市南山实验学校　唐晓勇)

易拉罐事件的晕轮效应

【活动背景】

开学不久的一天早晨,教师正在教室里给学生分发早餐,突然听到后座传来一声惊叫:"爆炸啦!"教师急忙跑过去一看,班级的王某两手湿淋淋地放在胸前,两眼直愣愣地望着前方,其他学生惊呼不已,惊恐万状。当时教室里一片哗然,乱成一团。教室的地面上、课桌上、天花板上、学生身上喷溅的都是饮料,一片狼藉。原来是王某带的一罐可乐从抽屉里滚落地上。当他捡拾起来的时候,罐体突然爆裂,饮料喷射而出。幸好没有伤人!当时,教师检查易拉罐,发现拉环完好无损,只是罐体由上到下裂出一道长长的不规则的口子。这显然是罐体质量不过关造成的事故,厂家负有不可推卸的责任。这件事对教师触动很大:学生在校园内外意外受伤害事件频繁出现在媒体上,不少学生,包括部分家长受到了伤害却没有自我保护的维权意识,有的不是通过法律途径去解除问题,而是采取息事宁人或私了的办法去解决,多么可悲呀!有感于此,教师引导学生展开了易拉罐事件的主题探究活动。

【活动准备】

1. 收集各种易拉罐装饮料。
2. 搜集校园学生伤害事故案例,制作成网络教材法律之光。
3. 教师提供以下网站资源:

法律桥 http://www.law-bridge.net/
法律帝国 http://www.fl365.com/
中国律师网 http://www.chineselawyer.com.cn/pages/index.html
中国法律资源网 http://www.lawbase.com.cn/
中国普法网 http://www.legalinfo.gov.cn/
东方法治 http://law.eastday.com/
法制日报 http://www.legaldaily.com.cn/
专家论案 http://www.law999.net/

【活动过程】

一、课题导入法

教师出示破裂的易拉罐,与学生谈起班级发生的易拉罐爆裂事件。让学生睹物思人,睹物思事,睹物明理。在此基础上,通过观察易拉罐开展学习活动。

1. 看一看,说一说

当易拉罐爆裂后,教师有意识地请当事人谈谈事情的经过,请旁观者说说事发时的见闻和感受,教师也用启发式的语言描述现场的状况,提醒学生做事要细心,谨慎,不能鲁莽,否则可能酿成大祸。通过师生、生生的互动交流,学生对事件的来龙去脉有了非常清晰的了解,也受到了一次深刻的教育。

2. 摸一摸,说一说

让学生从家中把自己平时爱喝的易拉罐饮料带来,在让学生观察可口可乐、雪碧、百事可乐、王老吉等易拉罐体的形状、色彩、图案、说明文字之后,重点让学生摸一摸罐体,感受质地的软硬及安全程度,并让学生就所看所摸介绍一番。看看谁能详细地说明这种易拉罐的外包装的特点、保质期或有效期等。

3. 尝一尝,说一说

请学生们打开易拉罐拉环,先小口品尝,再大喝几口,最后一饮而尽。请学生说说自己喝的饮料有什么特点,喝的过程中有什么不同的感受,为什么自己特别喜欢喝这种饮料,它与平时喝过的其他饮料有什么不同。教师还可以让学生议议饮品中的防腐剂对人体有无伤害。

二、资料交流法

在信息技术课上,学生已经学会了上网查找资料的方法。学生上网兴趣浓,还在课余时间查找了诸如成语、谚语、祖国风光等大量文字、图片资料,收获很大。教师因势利导,借题发挥,利用易拉罐事件先指导学生在课堂上搜集学生伤害案例,然后布置学生在家长指导下去从书籍报刊和网络上搜集相关案例。

通过搜寻,学生们掌握了大量翔实的鲜活的案例,积淀了情感,对伤害事故的危害有了感性的认识。有的学生情不自禁地把搜集到的资料交给教师,有的学生在周记上摘录了感受颇深的案例片断。学生们的主观能动性充分发挥出来了,他们兴致勃勃,乐此不疲。活动的具体操作流程如下:

1. 师生收集资料,编制网络教材

(1) 收集阶段:教师与学生共同去搜集有关学生伤害的各类资料,可以是图片、文字,也可以是影片、录像。

(2) 整理阶段:在教师指导下,由学生将所搜集资料进行整理归类,如分成伤害和受伤害,违法与犯罪等。

(3) 制作阶段:学生在教师指导帮助下汇编资料,合作制成网络教材。再把分类的词语与资料进行链接,只需在分类词上(如伤害)轻松一点,就进入集文字、图片、影片于一体的丰富的网页中。

2. 学生浏览网络教材,提出研究问题

(1) 学生结合网络资料对意外伤害事件提出自己的看法。

(2) 教师肯定学生所提问题,同时也从中筛选一些有价值的问题供学生在课堂上研究。

3. 利用网络教材,合作深入探究

(1) 学生自主选好一个或几个自己感兴趣并有价值的问题。

(2) 学生围绕自己研究的问题去进行超媒体阅读,利用网络教材提供的图片、影片、文字资料,自己去解决这些问题。

4. 品味网络教材,交流点拨提高

（1）学生对自己研究的问题已经有了初步的结果,心中也已经有了丰富的案例、情感的积淀和较深入的思考之后,让他们互相间进行一下交流。

（2）学生自由汇报,充分展示探究成果。

5. 架设交流平台,鼓励充分展示

（1）学生自行设计出一个能充分展示自己成果的方式,认真准备。

（2）教师为学生的交流提供机会与必要的帮助,架设出较好的平台,通过我们校园网上的校本课程网站或各班家校论坛,使得这种交流不再局限于面对面,而可以是跨越时空的。

如:用 E-mail 将自己的作品发送给朋友,将作品在网络上发表,制成电脑小报在校内外发行,也可存盘提交给教师、父母欣赏。

三、社会实践法

1. 学生成立"鼎太环保小队"等,把家里和小区里扔掉的易拉罐捡拾起来,制作手工作品,如烟灰缸、笔筒,既清洁环境又变废为宝。

2. 学生在捡拾过程中,发现社会上很多不良现象:乱扔垃圾的,可回收垃圾和不可回收垃圾不分的……他们把这些事情记录下来,带回学校进行交流,培养发现问题与解决问题的能力。

四、活动竞赛法

在学生搜集伤害案例的基础上,教师利用班队会、晨会、课间对典型案例进行剖析,激发他们提出问题。学生处于愤、悱状态,启发已势如破竹,水到渠成。于是,在校领导的支持和家长委员会的配合下,法律知识竞赛就应运而生了。

为了主持好这次竞赛,丁璐雅同学把竞赛题中所有不认识的字全都注上了拼音,反复练读,还和爸爸利用休息时间在家里排练。其他学生也把《乘车口诀》、《少儿平安歌》与家长反复演练。这一主题活动做到了人人参与,家长和孩子在活动中快乐相伴,精神共生。

"金色麒麟队"的邓楚婷用她那诚恳的态度,请求的语气,恰当的语言,不辱使命,出色完成了任务。老师将其所说精彩回放如下:尊敬的家长,亲爱的选手,你们好!我们虽然有竞争,但团结合作更重要。谚语说得好"一根筷子容易折,一把筷子难折断","树多成材不怕风,线多搓绳挑千斤"。新世纪的小主人就应该友好相处,团结合作。别人有困难时,我们应该伸出双手热情帮助。现在我们代表队遇到了严峻的挑战,风险我们承担,快乐大家共享。我衷心地希望各位选手和家长能和我们合作,一起表演《少儿平安歌》。老师在这里代表金色麒麟队谢谢大家!(深鞠一躬)(掌声响起)……选手和家长被说服,表演得很投入,其中很多选手都站起来,用夸张的肢体语言纵情表演。

【活动反思】

由于学生年龄小、知识结构不完善,在活动准备阶段确实困难重重,如有很多字他们不认识,很多法律术语他们不理解等等。其中滋味,酸甜苦辣,只有亲身经历才能体味到。这对教师和学生无疑是一个挑战。在课题研究过程中,学生们增长了见识,仿佛突然长大了,懂事了,这是教师始料未及的,可以说是意外之喜。易拉罐事件让教师明白一个道理:教师要做教学活动的有心人,在平时的教育教学过程中,要勇于、乐于、善于做动态生成的最佳捕捉者,不让每一个机会从指缝间流逝。

(深圳市南山实验学校　柴彦成)

绿色生活调查研究

【活动背景】

随着现代文明的发展,地球承受重负,资源、能源正不断地被消耗,环境被严重破坏。因此,保护环境已成为当今世界上每个国家,乃至每个人的重要任务。

我们开展"走进绿色生活"的主旨活动,是让学生了解到更广泛意义上的环境保护,了解到自己举手投足都可以是环保的行为。将环保与生活紧密的联系在一起,让学生知道,环保对自己、对家人、对社会、乃至对整个地球的意义。

为了让每一个学生从真正意义上去认识绿色,了解绿色,明白绿色生活的含义,从而成为绿色天使,提升环保教育的内涵,结合我校绿色学校评估以及"世界环境日"等活动,我们开展了这次课题研究活动。本课题主要通过对环境保护知识学习和问题研究,让绿色溢满校园,融入教师,渗入学生们的心田,并通过一系列的探究活动让学生们逐步地感受绿色环保教育所带来的一种心灵净化的生命体验,使学生对环保有更深的了解,增强保护环境的文明意识。同时,培养学生的实践能力、调查研究能力、合作能力、探索能力。

【学习方式】

1. 走出课堂就绿色生活环保课题进行科学调查和研究。

2. 根据自己的兴趣,学生自由选择研究主题,以自愿的形式组成研究学习小组,推选活动组长,进行小组成员分工。

3. 了解和分析研究主题内容,制定研究主题计划。

4. 通过多种途径调查、收集、整理相关资料。

5. 采用采访、观测、收集等方式进行学习活动,了解人们对于绿色生活环境保护的理解和有关行为。

6. 设计并实际参与环保活动,注重活动过程资料的收集。

【设计问卷】

绿色生活学生问卷表(一)		
班级: 姓名: 性别: 年龄:		
1. 你认为我们学校的环境怎样?		非常漂亮( ) 一般 ( ) 不漂亮( )

2. 看到别人乱扔垃圾,你会怎么做?	帮他捡起来（　） 告诉他这样做不对（　） 我才不管它呢,只要我不扔就行（　）
3. 你有了垃圾会怎么做?	总是扔到垃圾桶里（　） 有时扔到垃圾桶里（　） 很少扔到垃圾桶里（　）
4. 看到地上有垃圾,你会捡起来吗?	经常会（　） 有时会（　） 不会（　）
5. 你的房间多长时间整理一次?	乱了就整理（　） 爸妈批评了才整理（　） 很少整理（　）
6. 你认为节约是环保行为吗?	是（　） 不是（　）
7. 你觉得废电池怎样处理才好呢?	回收利用（　） 扔进垃圾箱（　） 随手扔掉（　）
8. 你做过废物利用的事情吗?	经常做（　） 有时做（　） 没有做过（　）
9. 你或家人用过一次性的饭盒吗?	经常用（　） 有时用（　） 很少用（　）
10. 路过比较脏的地方时,你有什么感觉?	不想再从这样的地方经过（　） 无所谓,没什么关系（　）

绿色生活学生问卷表(二)	
班级：　　　姓名：　　　性别：　　　年龄：	
1. 房间无人时你是否熄灯?	熄灯具（　） 有时熄灯（　） 不熄灯（　）
2. 你认为深圳是缺水的城市吗?	非常缺水（　） 有点缺水（　） 不缺水（　）
3. 发现水龙头滴水时,你会主动去关上吗?	不会（　） 有时会（　） 经常会（　）

4. 你参加过环保活动吗？	参加得比较多（　） 参加过一些（　） 没有参加过（　）
5. 你觉得垃圾可以利用吗？	都可以利用（　） 有些不可以利用（　） 都不能利用（　）
6. 别人乱扔垃圾时你会怎么做？	跟着别人一起扔（　） 还是要放进垃圾箱里（　） 到时候再说（　）
7. 你在家和在学校一样讲卫生吗？	一样讲究卫生（　） 在家就不太注意了（　） 在学校就不太注意了（　） 一样不讲究卫生（　）
8. 你践踏过绿化草坪？	没有穿越过（　） 为了方便有过（　） 经常踩草坪（　）
9. 如果同时有发泡餐具和纸制餐具,纸制的较贵,你会使用那种？	发泡餐具（　） 纸制餐具（　）
10. 你认为环保与人的健康有关系吗？	没有关系（　） 关系不大（　） 有很大关系（　）

绿色生活、环保知识检测题（一）

班级：　　　　　　姓名：

一、选一选

1. 节约用纸就是保护森林的实际行动。（　）
   A. 是　　　　　B. 不是

2. 所有的垃圾都是不可回收的吗？（　）
   A. 是　　　　　B. 不是

3. 你有没有循环再用纸张？（　）
   A. 有　　　　　B. 没有

4. 在地上看到垃圾你会捡起来吗？（　）
   A. 会　　　　　B. 不会

5. 你做过废品利用的事情吗？（　）
   A. 有　　　　　B. 没有

6. 你在校外跟在学校一样讲卫生吗？（　）
   A. 是　　　　　B. 不是

二、画一画

你理想中的垃圾桶是什么样的？请你动笔设计一下。

三、写一写(任选一题)

1. 节约资源就是环保,你同意这个看法吗?日常生活中,你为减少污染,节约资源做什么?

2. 水是生命的乳汁,你能为我们日常生活提几条合理化的节约用水的建议吗?

绿色生活、环保知识检测题(二)

班级:　　　　　　姓名:

一、在生活中你发现了多少不同的垃圾?看谁知道的最多。

二、请将垃圾分类,并放在不同的垃圾桶里

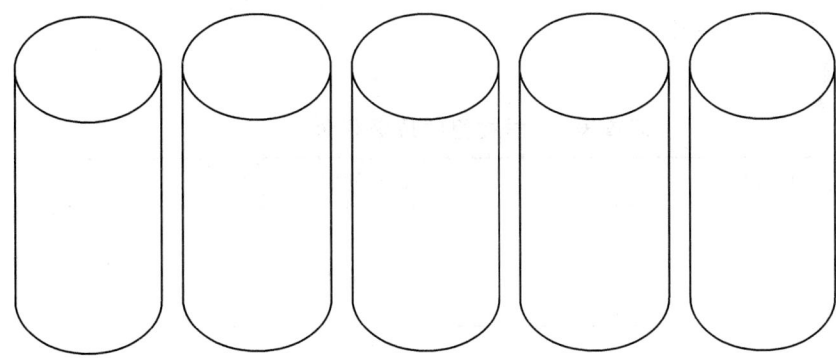

三、说说你为什么要把它们放在同一个垃圾桶?

教师问卷表

年龄:　　　　　　性别:

1. 你会经常循环再造以下哪几种物品?(可选多个)

　　( )纸张

　　( )塑料(瓶…盒…)

　　( )玻璃(瓶…盒…)

　　( )铝罐

　　( )其他:

2. 在一星期内,你使用多少个发泡塑料饭盒?
   ( )零
   ( )少于五个
   ( )多于五个
   ( )多于十个
3. 请选以下其中三种你常用的交通工具?
   ( )私家车
   ( )的士
   ( )巴士
   ( )巴士或公共小巴
   ( )地下铁路或火车
   ( )电车
   ( )单车
   ( )步行
4. 你每天工作时会用去多少纸张?
   ( )少于十
   ( )多于十
   ( )多于二十
   ( )多于三十
   ( )多于四十

【设计调查表】

调查表1:学校里的垃圾死角

位置	垃圾种类	拍到的照片(粘贴)
我的感想		

调查表 2：同学对垃圾危害的看法

垃圾种类	有无危害	调查情况	垃圾种类	有无危害	调查情况
	有（ ）			有（ ）	
	不清楚（ ）			不清楚（ ）	
	没有（ ）			没有（ ）	
	有（ ）			有（ ）	
	不清楚（ ）			不清楚（ ）	
	没有（ ）			没有（ ）	
	有（ ）			有（ ）	
	不清楚（ ）			不清楚（ ）	
	没有（ ）			没有（ ）	
	有（ ）			有（ ）	
	不清楚（ ）			不清楚（ ）	
	没有（ ）			没有（ ）	
通过调查我的想法					

调查表 3：你知道为什么这些垃圾有危害吗？

垃圾种类	危害性	产生危害原因	怎么知道的

调查表 4：垃圾和害虫

都有哪些害虫？那类害虫最多？

害虫名称	生活地点	产生的原因	有什么危害

调查表 5：有关废纸的调查

哪些废纸	调查情况 （你扔过哪些废纸）	哪些废纸	调查情况 （你扔过哪些废纸）

学校里的废纸是怎么处理的？

我认为废纸应该这样处理：

减少废纸的建议：

调查表 6：寻找、发现绿色生活现象

班级：_____　　　姓名：_____

我找到的绿色生活现象	我的发现

调查表 7：你知道垃圾是怎么处理的吗？

1. 在学校里的处理情况：
   我的建议：

2. 从学校到垃圾中转站的处理情况：
   我的建议：

3. 从垃圾中转站到垃圾处理站的情况：
   我的建议：

【学习评价】

学生评价表（一）

班级_____　姓名_____　时间_____

	自　评 （☆☆☆☆☆）	互　评 （☆☆☆☆☆）	教师评 （☆☆☆☆☆）
你对这一主题感兴趣吗？			
你采取什么方式收集资料？			
小组合作情况如何？			
问题都解决了吗？			
有什么收获？			
存在什么问题？			

学生评价表（二）

班级_____ 姓名_____ 时间_____

	组 员	评价等级	评价根据	本组总评
小组成员对本组的评价				
	组 员	评价等级	评价根据	
其他组对本组的评价				
活动老师对本组评价				

学生评价表(三)

班级_____ 姓名_____ 时间_____

姓　名		班　级	
组　员	评价等级	评价根据	
我对自己的评价			
活动中与我有关的几件事		我的收获或体会	

【活动反思】

1. 本次活动,选材比较贴近学生的现实生活。活动前,教师做了充分的准备,收集了很多资料。从学生活动过程中的表现看,他们基本上达到了教学目标。学生们兴趣盎然,对绿色生活、环保问题都是实话实说,没有半点的虚假。

2. 学生们为了做好环保工作、绿色生活,做了大量的调查,已经加入到环保的队伍来了。他们通过本次活动,从各方面对绿色生活、保护环境的含义有了更深的了解,学到了更多的环保知识,知道怎样去保护环境。尤其是学生的合作能力、研究问题的能力、动脑动手实践操作的能力大大提高了。

3. 不足之处:分小组讨论或做调查表时,时间用得过长,而且忽略了个别学生的学习情况;在述说自己在绿色生活、保护环境的具体行为有哪些表现时,许多学生只限于自己在本学校或本社区的表现,教师没有很好地引导学生将活动拓展到其他社区和地方。

(深圳市前海小学　郑燕玲　董金宏)

生命之源——水

【活动背景】

我们居住的地球实际上更应该称之为"水球",因为地球70%的表面覆盖着水。最早的生命在水中诞生,最早的文明在水边孕育。人类的生存、发展与进步都离不开水。可以说水无处不在,时时刻刻影响着人们的生活。但水并不是取之不尽、用之不竭的。全世界范围内存在着严重的缺水问题,中国是世界上十三个贫水国之一,而深圳人均水占有量只及世界水平的1/20,但是在我们的生活中经常见到"长流不息"的水龙头,人们并无节水的意识,长此以往,人类将无水可用。所以,认识水的重要性,节约用水刻不容缓。

教师将科学课四年级下学期补充教材"生命之源——水"拓展为综合实践活动,让学生利用教材、图书馆资料、本地资源(西丽湖水库、大沙河)等指导学生开展主题探究活动。

【活动目标】

1. 学会提取植物体内的水和初步安装"观察小草喝水"的装置。
2. 初步学会用科学思维的方法开展调查,并对各种现象进行解释。
3. 初步运用图画、图表、书面报告等形式,交流调查研究活动的方案和结果。
4. 从适当的情景中发现问题和提出问题,学会向大家表达自己的发现和感受。
5. 运用互联网、书籍收集研究所需资料,掌握新的学习方法。

【活动过程】

一、活动计划

1. 利用假期阅读有关水的书籍。
2. 在科学课上引导学生确定研究课题。
3. 指导学生进行试验,仔细观察实验结果,认真记录实验数据;指导学生进行调查活动,观察商场里购买水情况;帮助学生制作调查表;学生制作手抄报、撰写论文、做成果展示。
4. 编写校本教材。

二、活动步骤及内容

1. 活动准备

水,对于孩子来说既陌生又熟悉,生活中离不开水,人类生存离不开水,但除此之外,学生对于水的认识十分的贫乏。此时开展活动,无法激起学生的兴趣,因此首先要对学生进行一次"扫盲"。利用五一节假期,购买与水有关的书籍,认真地阅读,并写读书心得。

假期结束后,教师利用科学课对学生的学习成果作了一次了解,并且引导学生提出自己的研究课题:①生命离不开水②水哺育了人类③千姿百态循环不已④水威胁着人类⑤水与可持续发展⑥水的污染与保护⑦水的运动与安全⑧水与健康⑨水的认识⑩家乡水资源。根据学生的兴趣分为十个小组,分别展开研究。

活动预备卡

本小组研究课题	
小组研究负责人	
小组研究员	
经过讨论,我们决定从以下几个方面去研究本课题:	
本小组研究资料来源与途径:	

我们的口号:精诚合作,积极参与,实事求是,精细准确,勇于探索。

填写活动预备卡,除了为自己的研究订立目标和步骤外,更重要的是了解自己的研究伙伴,互相沟通、了解,为相互合作打基础。

2. 实践活动实施

(1)教师指导学生从已阅读的书中以及相关的网站中收集自己所需要的资料。有些小组研究的内容相对较专业,教师必须亲自指导收集。同时,及时总结已收集到的资料,选出有用的资源以供使用。并且及时总结组员的表现,优秀的给予表扬、稍差的给予指导。

(2)学生在收集本小组信息的同时,实现资源共享,各组之间相互交换资料,形成了良好的学习氛围,建立了正确的学习关系,既有竞争又有合作,相互提高相互促进。

(3)科学研究离不开实验。"生命离不开水"课题组的学生为了探究本课题,积极动手实验获取第一手研究资料。该课题组同学在老师的指导下一共作了两个试验:植物根部吸收水分试验、植物体内水分对比试验。

试验报告"植物根部吸收水分试验"

课题:生命离不开水

组长:胡嘉忻 组员:温嘉慧 杨坤 楚磊

我们的问题	植物的生长需要多少水
猜测与假设	需要很多

实验方法	把一颗富贵竹放进500mL的量筒里,加水至500mL,让后倒入一定量的食用油,食用油层浮在水上,防止水蒸发。
实验记录	5月8日 14点40分　　水面高度500mL 5月9日 14点50分　　水面高度495mL 5月12日 15点30分　　水面高度480mL 5月14日 14点35分　　水面高度465mL 5月16日 16点05分　　水面高度450mL
我们的发现	水面下降说明了,富贵竹通过根部吸收水分。每天喝掉的水不完全相同,平均每天喝掉约5.5mL水,植物生长离不开水。

三、社会调查

"水与健康"课题组的学生所研究的内容与人们的生活、健康息息相关,要做到深入研究必须先进行调查采访活动。首先,通过查找网上资料,该组学生了解到什么是健康的水。其次将平时喝的水分为三类,进行调查研究。然后,分头行动,有的继续上网了解三类水的成分,从理论上分析该喝哪类水,有的深入商场调查市面上的水,有的调查同学和老师喝什么水。最后根据调查的结果,指导同学们喝什么水,如何健康地喝水。

调查过程十分辛苦,也十分有趣,该组学生初步学会了制作调查表,初步学会了统计,同时学会了如何与人沟通和人交流,收获颇丰。

四、动手制作

"认识水"(科学探索者)课题组的学生,主要以动手制作为研究的方法,通过查找资料以及在教师的帮助下,做了四个试验了解水,并且根据自身的认知得出了相应的结论,难能可贵的是这些看似幼稚的结论中含有不少有价值的想法。

【活动反思】

根据多元智力理论,每个学生的智力发展是不一样的。教师引导学生在"生命之源——水"这一主题探究活动中灵活运用多种学习方法,充分发挥自己的智力优势,体验学习的乐趣。在展示学习成果活动中,学生有制作手抄报的,有撰写论文的,还有表演小品、音器、绘画的,他们以多种方式展示了自己的才艺。看到学生宣读自己的论文之后,从容不迫地接受师生的提问当场回答时,指导教师真为他们感到骄傲。

(深圳市珠光小学　李　捷　路永丽)

社会实践

【课程描述】

综合实践活动课程具有实践性、自主性、开放性、生成性等特点,其中实践性表现出本课程与其他学科的明显区别,即教师要带领学生走出教室、走出课堂,走进社会生活,让学生积极参加社会实践活动,通过亲身体验和参与一系列公益活动,利用观察、参观访问、汇报座谈、实验等体验性、研究性学习方式,获得最佳的学习效果。

学生以什么样的形式进行社会实践活动?如何去联系社会实践活动基地?如何组织学生进行社会实践活动?如何指导学生进行参观、访问等一系列社会实践?怎样避免在社会实践活动过程中发生意外安全事故?这些问题成为综合实践活动课教师必须关注的一个问题。

下面,以参观、访问为例,谈一谈社会实践活动的组织与管理。

【活动准备】

1. 如何指导学生进行参观访问呢?

教师做好活动前的指导工作很重要:

(1)要明确自己所要采访的对象及范围。

(2)根据主题中心查阅参观访问对象相关资料。

(3)教师可协同组织并设计参观访问的路线及人员。

(4)选择并设计参观访问的内容。

(5)要求学生带好记录工具做好记录。

(6)教师以例证方式进行具体指导,如在描写参观对象时,要写清方位、布局、形状、色彩、构造、特色、功能等,能用数字说明的尽量用数字说明;注意所写内容的科学性、知识性和趣味性;用词要求准确、形象。

2. 参观访问需要注意的事项

(1)实行小组责任制,明确集合地点、时间、行进路线等。

(2)学生必须确保按计划有序地进行学习活动,同时重视外出的安全以及行为礼貌规范。

(3)按要求做好记录。如写参观记录,重点写观;而写访问记,还要着重写好问和答。要做到条理清楚,重点内容则要写具体。

(4)参观后进行交流和总结。在参观访问结束后要组织学生总结活动感受与体会等等,让学生在成果展示过程中提升学习质量。

爱我中华

【活动背景】

在实施"爱我中华"主题活动过程中,学生们为了探索少数民族的经济、文化、地理、环境、风俗习惯等,不仅要在校内外收集、研究大量的图文音像资料,还需要在民俗文化村内进行参观访问等考察活动。为了有效地开展学习活动,学校出面与景区联系,让学生分小组进入景区各个不同的村寨,依据所选的小课题与不同文化背景的人群沟通交往,学习并感受不同民族之间的文化,激发他们爱国热情,真实体验着爱我中华的民族自豪感。这一主题在经过三个星期的学习后,学生们利用收集的文字资料、实物、图片、参观访问记,编导出一段集图文、音乐、实物、解说为一体的精彩展示。在此我们就跟随七年级的一个活动小组一起进行参观访问吧。

【访问记录】

课题:美丽的蒙古族	课题组成员:曾成城　孙博　朱嘉怡	班级:七年级3班
被访人:	姓名:乌云其格	职业:蒙古演员
	性别:女	年龄:23
访问时间:10月20日下午	活动内容:外出调查、参观访问并进行交流体验。	
参观纪要: 　　我们得到了景区领导的大利支持,民俗文化村内到处可身穿校服的同学,小组的外出调查访问活动开始了。您看:配着录音机,拿着纸、笔,象记者般访问着苗族叔叔的是平时极怕羞的梁小琼,而张晔正对着刺有牛头图案的族长,大声地学孟妹(你好),李正却对颗颗族的烟叶有了兴趣,原来那是吉祥物呀,而杨明拿着摄像机将学吹芦笙的、学跳舞的、学泡小吃的,统统记录下来,用他的话说精彩尽在其中…… 　　我们研究的是蒙古族,蒙古包是蒙古民族的传统住房,呈圆形,有大有小,但其基本构造都是一样的,具介绍蒙古包的架设很简单,一般是先选好地形,铺好地盘,然后竖立包门、支架编壁、系内围带、支撑木圆顶、安插椽子、铺盖内层毡、围编壁毡、蒙包顶衬毡、覆盖包顶套毡、系外围腰带、挂天窗帘、围编壁底部围毡,最后用毛绳勒紧系牢即可。蒙古包的门一般朝向东南方向,蒙古包的最大优点就是拆装容易,搬迁简便..我们参观的蒙古包结构、材料等都有新的发展,出现了钢架结构,室内还有电视机、收音机等各种现代生活用品。……		

访问纪要：
你好,蒙古族使用蒙古语,也有规范的蒙古文,请问蒙古语中的"你好"怎么说?
请问你们有哪些节日和风俗习惯?
请问现在学生的教育是怎样?
最后姐姐还在笔记本上用蒙古语送给我们一句话:好好学习,爱我中华

后记:
曾成城:经过这次活动使我感到中华民族的缤纷色彩,但由于少数民族多生活在边远地区,生活较贫困,教育更难以为继,有些文字他们也忘了,很多人离开家到城市生活,被逐步汉化而丢失了他们的特色,我希望我们在高科技时代时别忘了中国的民族文化特色,我希望西部大开发能更好地帮助他们保存民族文化。

朱嘉怡:我学会了几句蒙古语,我在这次活动中最大的收获就是放大胆子去和别人交谈,沟通。开始时我很害怕,是他爽朗的笑打破的我的拘谨,他说他走在街上,因为他很黑,人们都怪怪的看着他,好像他是外国人。是啊,人是多需要理解和沟通,让我们紧紧地拉着他的手,我们是一家人,爱我中华。

【活动反思】

本活动主题突出社会实践的特点,教师充分利用本地课程资源,主要采取参观访问的学习方法。鲜活的课程资源满足了学生的学习兴趣与学习需要,学生在生动的社会环境中体验生活。教师营造了一个民主、和谐、信任的教学环境,学生自主学习,他们探究活动的深度与广度、创新能力和实践能力是在课堂教学中难以培养出来的。

（深圳市华侨城中学　余　丽）

大冲现状调查

【活动背景】

为积极配合南山区教育局开展的"铸造美好心灵,关爱美丽家园"系列教育活动,我校利用社区资源,结合市政重点工程——"大冲旧村改造",设计开发了《新大冲,我来建》这一综合实践活动课题。在活动实施过程中,我们积极组织学生走进社区,深入生活,开展调查访问,朱校长亲自出动与区委王毅书记、村委吴带书记联系,安排学生采访。活动得到了各级领导的大力支持,激发了学生的巨大参与热情和学习信心。提高了他们与他人合作交往的能力,增强了他们的社会责任感和主人翁精神,还培养了他们关爱家园,关爱社会,关爱他人的美好情操。

【活动过程】

一、小组分工,做准备

教师把每班学生分成四个小组,每组十人,选出小组长再进行组内具体分工,其中要有2人携带相机或录像机进行现场拍摄,其余8人进行调查访问。

小组	组长	组员	带相机或摄像机的同学
1	牟丽阳	黄瑾 余海翘 罗丹……	林嘉欣 肖朗
2	杨新健	杨锦红 廖宇婷 付彗彗……	郑楚玲 吴恒昌
3	王锦萍	邓康儇 黄思扬佩仪……	陈炬宏 魏伟杰
4	李腾	茅凌锐 龚子烨 陈扬……	彭敏锋 胡宝丹

二、设计访问调查表格

为了获得真实的第一手资料,了解大冲人对大冲改造的看法,取得家长对这个课题的支持。教师指导学生设计了如下几个调查问卷:

新大冲,我来建(调查表一)

填表人		年龄		职业	
1.您对大冲改造持何种态度　A 支持　B 无所谓　C 反对					
2.您对大冲改造有无信心　A 有　B 无					

3. 您认为孩子有必要参与到大冲改造中吗？
   A 有　　　B 无所谓　　　C 无

4. 您支持孩子参与新大冲,我来建综合实践课的开发吗？
   A 会　　　　B 不会

5. 您对我校"新大冲,我来建"这一综合实践课有何建议？

大冲居住状况（调查表二）

填表人		年龄		职业	
何时居住在大冲		大冲旧村改造		知道	不知道
您的居住环境					
1. 采光		A 很好　　B 一般　　C 差			
2. 空气流通		A 很好　　B 一般　　C 差			
3. 噪音污染		A 很好　　B 一般　　C 差			
4. 财产安全		A 安全　　B 不安全			
您对自己居住环境的评价是 A 优良　　　B 一般　　　C 差　　　D 很差					

大冲村卫生状况（调查表三）

填表人		年龄		职业	
何时居住在大冲		大冲旧村改造		知道	不知道
您认为大冲村现在卫生状况：A 优良　　　B 一般　　　C 差　　　D 很差					
您认为造成目前大冲村卫生状况的主要原因是：A 清洁人员少　　　B 保洁设施不足　　C 居住人员的卫生习惯					

大冲社区环境状况（调查表四）

填表人		年龄		职业	
何时居住在大冲		大冲旧村改造		知道	不知道
1. 交通状况	A 很好		B 一般		C 差
2. 生活消费	A 丰富便利		B 一般		C 不足
3. 文化生活	A 丰富		B 一般		C 不足
4. 健身设施	A 丰富		B 一般		C 不足
您对大冲社区的评价是：优良　　　一般　　　差　　　很差					

三、设计走访路线,制定走访计划

1. 第一小组:大冲村
2. 第二小组:阮屋村
3. 第三小组:吴屋村

(每小组由一位教师带队,强调注意学生安全。)

四、实地调查访问

整个下午,由四位教师分别带着各小组学生进行调查走访,刚开始时,很多学生怕生,看见人不敢前去访问,羞于开口,但在教师的鼓励和少数胆子大的学生带动下,很快就克服了羞怯。当学生成功地完成第一张调查表后,那种兴奋得意真是写满了小脸:他们迈出了可喜的第一步后!下面的调查访问开展得非常顺利:现场拍摄的、录像的、访问的各司其职,热闹非凡,引来了许多行人驻足观看和声声赞美。大家心里都高兴极了,体验到了成功的喜悦。同时在走街穿巷中也发现了很多问题,握手楼、乱搭建、乱拉电线、乱扔垃圾、污水横流……大家看得忧心忡忡,感慨万千,提高了对大冲改造的认识。

五、整理汇报调查资料,撰写调查报告

调查活动结束后,学生们将资料进行了汇总,开始动笔写调查报告,准备提交给有关部门领导,并对一些人员进行采访,表现出强烈的社会责任感。

【采访记录】

1. 采访南山区委王毅书记

2003年10月20日,南山区委王毅书记就大冲旧村改造相关问题接受了3名学生小记者的采访,小记者与王书记进行了近一个小时的交流。王毅书记从大冲改造的原因到未来发展的前景,从对大冲进行改造的先进理念到具体规划与实施,详细回答了3名小记者的提问。

下面是小记者提出的问题:

(1)王毅伯伯,非常高兴您能接受我们的采访,大冲下一步将面临巨大的改变,首先请您具体谈谈改造大冲的原因。

(2)大冲改造对社区有什么好处呢?

(3)大冲改造与其他地方的旧城改造有什么不同?

(4)大冲毗邻高新技术园区,大冲村改造怎样体现高新呢?

(5)改造大冲,对深圳、对南山和对我们这些生活在大冲的人都会产生什么影响呢?

(6)您能否描绘一下将把大冲建成什么样的学习型社区?

(王书记耐心地回答了学生所提出的问题。)

学生:听了您的介绍,我们真恨不得新大冲马上建好。但我们知道做任何事情都有一个过程,在这个过程中我们大冲小学的全体学生也希望参与达到大冲的建设中来。

为了让学生们掌握更准确和详细的信息,王毅书记还特地将小记者带到他的办公室,对着深圳市地图描绘了大冲以及整个南山未来发展的宏伟蓝图,并透露未来的大冲将会是国内一流、甚至是国际上一流的大型文明住宅区,而且会成为南山区新的经济增长点和亮丽的风景线。王书记的介绍使学生们对大冲的未来充满憧憬。

【活动反思】

　　本活动设计成功地结合市政府对大冲村旧村改造这一契机,激励学生积极参与到课程开发中来。在教师的指导下,学生围绕主题目标制订计划、设计表格、调查采访、研究问题、写调查报告,体现了参与社会实践活动的积极性、主动性和自主性。学生们在活动过程中还提高了人际交往能力,增强了社会责任感和主人翁精神,培养了关心社区,关爱家园的意识。

(深圳市大冲小学　张蕊娟　闫宏博)

我们和小树一起成长

【活动背景】

在本学期第一堂课上,教师问道:大家都知道3月12日是什么日子吧。学生们异口同声地回答道:是植树节。教师又问道:那大家知道植树节的来历和意义吗?这时教师发现没有一个同学能回答上来。教师便对大家说道:其实,在这以前老师也不知道,后来老师在网上进行搜索,很快便找到了相关的资料。以后,大家要善于利用网络资源,进行搜索和学习。

植树节的来历:1928年,为纪念孙中山逝世三周年,举行植树式。以后将3月12日定为植树节。1979年2月23日,第三届全国人大常委会第六次会议以法律的形式确定我国的3月12日为植树节。把3月12日作为植树节还有纪念孙中山先生的意义。

了解完植树节的来历和意义之后,教师说道:在植树节来临之际,老师想与同学们一起来策划和举行一次公益植树活动,大家有兴趣吗?学生们异口同声地说有兴趣。其实一有机会走出课室去实践,几乎没有学生不喜欢的。

【活动过程】

一、分组

师:根据同学们讨论的问题,我们成立访问小组,并民主确立组长。请大家以社区为单位,进行分组。学生按照居住的区域,自由结合成立学习小组。

分组如下:

1. 龙光组:桃源村、龙井村和光前村的学生。
2. 龙辉组:龙辉小区的学生。
3. 龙联组:龙联、龙都、宝珠、丽珠小区的学生。
4. 街道办:其余的学生。

(接着,教师要求学生对访问内容、形式进行小组讨论。)

二、访问

师:总结同学们前面的讨论,老师作了如下的思考,那么看这样行不行?

1. 访谈内容:

(1) 小区管理处同意我们为小区植树吗?

(2) 如果同意,种植点在哪里?

(3) 植树的棵数大约是多少?

(4)种苗种类的要求是什么?

2.访谈准备:

(1)学生要准备好访问的问题,做到有备而访,注意语言礼貌和举止文明;

(2)在课堂上模拟访问情景进行彩排,台下学生提出修改意见。

3.访谈时间:

(1)3月12日(周五),街道办组首先访问街道办事处;

(2)3月13及3月14日(周六、周日),其余三小组的学生分访问所在的小区管理处。

4.结果与评析:

只有龙辉小区、丽珠小区和街道办事处同意了学生的行动。其他小区以没地方为由,婉拒了学生的请求。其中龙光小区只允许种植荔枝树,不要其他的树,因为到征地的时候,荔枝树可以变卖成钱。学生们想如果是这样,行动就没多大意义了,所以最后他们决定就在三个小区展开行动。

三、筹款

在课堂上,教师和学生们商议后,对活动的筹款工作作了如下的安排:

筹款的准备:

1.准备好捐款箱(由光前村学生负责)、宣传资料(由刘雪靖同学与家长负责)、手工小制作(由全体学生准备)、队旗、校牌(由老师准备)。

2.在课堂上排练一下筹款活动。

筹款的时间:3月21日(周日上午10点——11点)

筹款的安排:龙辉组在龙辉小区,龙联组在丽珠小区,办事处组在体育中心周围公共地方。

结果与评析:经过学生们的努力,总共筹集到五百元钱。看到这样成果,大家都感到很成功、很自豪。无论在经费上,还是在心理情感上,大家都收获很大,因为这是学生第一次由自己开发的一项公益活动,并且取了相当的成功。

四、植树

就在教师和学生将要进一步联系各单位的时候,25日上午,令人意外的是,办事处被大家的行动所感动,决定不用学校出钱买树苗,免费为大家提供树苗和工具,而且还派专人同学生联系具体的事宜。大家都为此感到无比的高兴。经过商议,大家对最后阶段的活动,作了如下的安排:

时间:3月28日(周日)

地点:大学城、龙辉花园

具体安排:

1.第一小队:每班派5名学生做代表,组成一支20人的小队。于周日上午8点30分,到校集合,9点坐校车出发。12点前结束植树活动。

准备:每人带一个桶;校牌;队旗。

2.第二小队:其余有空的学生。于周日下午3点行动。龙辉小区的学生在小区内等,附近的学生可以直接前往汇合,龙井、光前的学生2点30分到校和教师一起前往。

准备:龙辉小区的学生准备几个水桶;五(2)班魏东东同学提前联系好树苗,到时和

教师一起付款取树苗。

挖掘工具：和种苗场的联系，借一套挖坑工具。

3．协调关系：

（1）由教师和桃源街道办事处绿委办的负责人以及树苗老板一起商定植树的地点和时间；

（2）由教师、魏东东与小区保安队长联系，确定种植地点。

（3）车辆准备：由老师向学校请示安排校车。

结果与评析：在大学城的小山上，20个学生总共种下了40多棵树；在龙辉小区，总共种下了8棵白玉兰。这样，还剩下250元左右的钱，就作绿化基金，留作以后使用。回想整个活动，师生做策划、搞活动大约用了一个月的时间，学生们真真正正完成了一件公益活动，他们感到无比的成功和自豪，既关心了社区和绿化事业，又为学校取得了声誉。最重要的是，学生们在为社区种下了小树，为环境的绿化做出了自己的贡献的同时，其实还在他们的心中种下了关怀社区，关心环境的一颗公益心！

【活动反思】

本活动具有以下几个特征：

1．强调整合。学生在访问活动中，体现了与社区生活的联系，在植树过程中，学生对自我、社会和自然之间的联系有了新的整体认识与体验。

2．注重实践。学生在讨论中提出问题和寻找对策，在访问、筹款和植树活动中，经历、体验和感受了社区生活，发展了实践能力和创新能力。

3．关注过程。随着活动的展开，新的目标不断生成，新主题不断产生，学生在活动中兴趣盎然，他们的认识和体验不断加深。

4．提倡自主。学生的访问、采访、募捐筹款、植树、成果交流、总结等活动环节基本上都是自主完成的。

这次活动，使教师对社会实践类活动的开展与管理有了一个比较深刻的认识。首先，社会实践类活动的特点决定了组织此类活动需要制定详细的计划，要注意有效地调动学生的积极性。比如活动还没真正开始，就有部分学生表现出知难而退的情绪，兴趣不高，热心程度不够。如果不及时有效地调动这部分学生的积极性，势必会影响更多的学生，活动很难开展得下去。这时，教师必须向学生强调："如果活动能成功开展，这将真正是我们自己的活动。在此之前的许多公益活动，基本都是我们捐钱给相关机构，而我们并没有实际参与到活动中去。而这次活动，我们要到市民中去，发动募捐活动进行筹款，为植树活动筹集经费。经教师这么一番鼓动，大部分学生真正能够认同此次活动，并视为自己的事情，大伙的心就更齐了；其次，要在活动中发掘积极分子，充分发挥他们的领袖作用。在这次活动中，就涌现了这样一些学生，比如魏东东、赵茜、刘雪靖等，他们做了大量工作，深受学生的支持和教师的赞许。这些学生在师生之间起到纽带作用，是教师的助手，学生中的领头羊；第三，就是要注意多赏析、多鼓励。要知道，实践活动也是挺累人的学生的积极性也是有限度的。对学生的赏析和鼓励，是学生参与社会活动的有效动力；第四，要有充足的活动时间。时间是活动深入开展的保证。依靠有限的课时安排，是不足的，必须安排利用好周末。比如我们这次活动的主要环节：访问、筹款和植树都是在周末完成的；最后，就是要注意活动的计划性。活动启动前，必须做好活动的计划与步骤,启动后,就要按计划行动,不要轻易破坏活动计划的完整性。

为期一个月的公益活动,教师发觉学生的收获是全面而有深度的。通过实践活动,学生知道了办事处的一般办事程序,学会了合理的待人接物的方式,体会到自己和他人的公益情感。他们的写作能力得到了实在的提高,社会活动能力得到很好的提升,创作能力也得到了体现。

(深圳市珠光小学　郑江泉)

我和鸟类做朋友

【活动背景】

以前在学校周围看不到鸟儿,更听不到鸟鸣。但最近学生每天早上做操时都能看到各种各样的鸟儿,不停地在学校上空盘旋、鸣叫,这一现象引起了学生们的关注和兴趣,从而激发了他们去调查和研究的心理。

【活动设计】

1. 校内环境

在研究过程中我们发现,环境变化是鸟儿大批迁居我校的一个重要原因,我们在校园内可见绿树成阴、草木丛生,还有山丘峻岭,到处都洋溢着一股大自然的气息,加上各种装饰物的点缀,使整个校园周围充满了生机和活力,学校真是一个环境幽雅的地方。

虽然目前我校周围环境还保持着大自然的原有气息,但是随着深圳经济开发的步伐不断加快,我们这块宁静的土地也受到了威胁:大片大片的树木被砍伐,山坡被夷为平地,鸟儿唯一的扎根之地就将要被吞没,我们呼吁人们:发发慈悲吧,给我们的朋友留下一块绿地。

2. 校外环境

校园以外环境变化	以前	青山绿树、碧草清波、悠闲清静
	现在	没有山、没有树、到处一片嘈杂混乱,正在进行开山辟地、砍树毁林,处于轰轰烈烈的开发热潮中。

3. 学生感受

学生见闻感想①

当我们走出校园后,一处处场景让我们目瞪口呆:以前的山被推平了,树也被砍光了,剩下的是一片辽阔的工地。无数的起重机、挖土机、推土机、货车、工人分布在各个地方进行着土地开发,将一座座青山、一棵棵的绿树化为乌有。我们打听后才得知这里将会被开发为工业区、居民居住地。听了这些消息之后,我们不知道是高兴还是失落,我们知道的是人们抹去了这里原有的自然美。我们更清楚:许多生命,特别是鸟儿一旦离开了青山和绿树,就意味着它们已经没有了立足之地,生命将会受到严重的威胁。邓小平爷爷改革开放的政策吹绿了大江南北,特别在有着人时地利的沿海地区,经历了20多年的创业与发展之后,已经日益发达、繁华了,成了每个人都向往的地方,其中包括数不尽的外国人。也正因为这样,这里的每一块土地都变成了宝,每一个角落都被人们无情地摧毁,取而代之是高楼、大厦、工厂、绚丽多彩的娱乐场所。现在已经难以找到一块没有被开发过的安静之地了,发达地区的生物种类呈下降趋势,有的甚至已经消失。

  学生见闻感想②

  为了更全面、更深入地了解我市的环境变化,我们调查小组又在许多不同的城区进行了调查拍摄,发现不光是我校周围环境遭到了开发和破坏,其他许多城镇都在进行着大规模的开发与建设。眼睁睁地看着那些青山绿树被无情地摧毁,我们的心中无比悲愤,恨不得立即前去阻止这种无知、残忍的行为。我们看到,许多公司、厂矿居然以开山后的石料作为盈利资源,他们拼命地吮吸着大自然的血液。

  学生见闻感想③

  除了大片的土地遭到严重开发和破坏以外,城市卫生环境也是让人惨不忍睹,到处可以看到废品垃圾、工厂排放出来的污水、车辆释放出来的废气,听到各种不同类型的噪音……整个城市蒙上了一层阴影。使我们这个享有"世界花园城市"美誉的深圳逐渐变得逊色。

  学生见闻感想④

  我们在环境调查过程中发现了一只死猫,它看上去很恶心。但这又引起了我们的反思:这么可爱、漂亮的一只猫为什么会死在这里呢?我们观察了周围的环境,发现到处是污水、垃圾,环境很糟,我们想这只猫的死一定和这里的环境被严重污染有关。

【活动反思】

  学生通过亲身实践和观察分析,发现了校内外环境的差异,同时他们的心灵被那一幕幕惊心动魄的场面深深地震撼,他们幼小的心灵产生了一种爱护生命、保护自然的情感。身边的环境资源是学生们开展这次调查活动很重要的线索,是实施课程的重要资源。

(深圳市留仙小学   牟   鸿)

可怕的白色污染

【活动背景】

　　塑料与人类的生活关系非常密切。我们的生活中到处都可以看到用塑料做成的东西，如塑料做成的袋子、包装盒、杯子、薄膜、餐具、饮料瓶、鞋子、各种容器、家用电器等。我们每天的生活其实都离不开塑料制成的东西，尤其是一次性塑料制品，如各种各样、五颜六色的塑料袋。我们用塑料装各种大大小小的物品，几乎每个家庭、每个人，不论何时不论到哪个商店或农贸市场去购物，都会带回或多或少的塑料袋。人们还大量使用一次性塑料杯子、一次性泡沫塑料餐具等制品。

　　随着一次性发泡餐具使用数量的不断增加，加之本身不易降解的特性和人们的卫生习惯，造成了严重的白色污染。而在深圳，这种污染要严重得多，大量的外来劳务工和快节奏的生活，使快餐具的使用量居全国之首。这些饭盒填埋后100年不降解，长期占用大量土地空间，如随意焚烧，会产生有害气体，与深圳这座花园城市极不相称。

　　2001年初深圳市政府就发出了《关于禁止生产、销售和使用一次性发泡塑料餐具的通告》文件，3年多时间过去了，情况却不容乐观，白色污染的现象依然严重。这是什么原因呢？

　　我们组织学生进行这次"可怕的白色污染"的课题研究，让学生在实践活动中去体验、感受，了解白色污染形成及其危害。

【活动过程】

　　一、任务要求

　　1. 结合实际生活，对身边的白色污染进行调查研究，明确其来源、危害性等。

　　2. 分小组进行调查、考察、采访、实验等，对各项活动作好相关纪录，并设计完成各种表格，完成活动日志。

　　3. 撰写调查报告，并给家人、社区、社会等写一份倡议书。

　　4. 完成探究活动评价表，总结成绩，反思问题。

　　二、学习活动方法

　　1. 合理分配活动小组，并选定小组长。

　　2. 独立进行社会调查，学会设计调查表格，设计调查问题，进行相互交流，填写登记表格，并作好相应的记载。

　　3. 利用下午放学后的一个小时，以及周末的兴趣活动课进行实践活动，由小组成员分工完成相应内容,后交由小组长总结。

　　4. 考察、实验由教师带领集中活动。

三、活动记载

　　1. 调查小组

　　组长:姜嘉语

　　任务:调查周边人们使用一次性塑料袋的情况,调查范围可以是家庭、社区、超市、菜市场、餐厅、饭馆等。根据需要自行设计调查表,并可以在家长的协同下拍摄相关的照片和录像。

项　　目	内容记录
常用的家庭塑料制品的种类?	
每日使用数量	
各类塑料制品用途	
塑料制品的来源	
塑料制品的去向	
塑料袋在家庭生活中的用途	
家庭成员对塑料的认识	
调查后记	

　　2. 采访小组

　　组长:王若旬

　　任务:对不同人群进行有关白色污染知识的采访,采访对象可以是在校学生、家长、环卫人员、国家工作人员、游人等,同时对所属地区专门的环保机构进行专访,以期了解社会对白色污染的认识程度及社会对白色污染的处理办法。

采访记录表

小记者:		被采访者:		时间:	
话 题					
内容记载					
采访后记					

3. 考察小组

组长:李振

任务:在教师的带领下,到专门的垃圾焚烧厂考察,了解处理白色垃圾的过程,及其在焚烧过程中给人们生活带来的危害等。

白色垃圾考察表

时间:		地点:	
考察内容			
考察记载			
考察后记			

4. 实验小组

组长:杨翰泽

任务:在科学教师的指导下完成对白色垃圾的科学实验,并做好实验报告。

白色垃圾实验表

时间:		地点:	
实验项目			
实验记载			
实验后记			

【作业提交】

1. 各小组成员,将实践活动报告通过E-Mail方式发送给教师,或在个人网志、班级论坛上发表,并进行在线讨论或交流。

2. 每个小组成员给家人、社区、社会等写一份倡议书,并结合活动调查情况提交一份合理性减少白色污染的方案,将其打印递交给教师。

【活动评价】

重点评价学生是否主动地、积极地参与实践考察活动,与同伴是否协同工作,发现的问题是否找到了解决办法等。他们对白色污染的认识是否有了进一步的提高,还有哪些更深层次的问题有待于解决。学生通过学习评价反思自己在探究活动中思想和能力的变化,通过自我评价、小组互评,不断提高自己的学习能力。

学生阶段学习评价表

姓名:

评价项目		评价内容	自评			互评		
			优秀	良好	加油	优秀	良好	加油
工作态度		对考察工作有兴趣,高度重视、认真对待、积极参与。						
工作方式		在活动中制订了详细的、行之有效的工作计划,能圆满地完成学习任务,解决问题。						
工作能力	与人交谈能力	能围绕自己的工作与人进行有效的交谈,能提出自己的观点,归纳别人的意见。						
	合作能力	与小组成员配合,圆满完成小组任务						
	解决问题能力	遇到问题不气馁,不退缩,积极寻找行之有效的解决办法。						
	归纳总结能力	能将工作中的点滴收获进行归纳总结,并在讨论交流时全面真实地汇报。						
	反思能力	能经常反思工作中的不足,及时总结经验,不断调整工作方向。						
	创新能力	善于观察、分析、思考,能提出创新的观点和独特的见解,大胆创新。						
工作成效		能按时完成任务且并保证高质量。						
		对工作能提出创造性的建议和意见						

【活动反思】

教师通过指导学生开展本次课题研究,感触颇深。学生们在教师的点拨下,发挥出超乎寻常的潜力和创新能力,他们的思维能力和解决问题能力在活动中迸发,表现出强烈的求知欲和创造力。他们积极投入的精神使教师为之感动。在主题探究活动中,教师有时以一个引导者的身份,有时以一个参与者的身份,有时甚至是一个旁观者的身份,出现在学生面前。当学生遇到问题时,教师从不直接告诉他们该怎么做,而是问他们该怎么办,让他们各抒己见,在讨论中,甚至是争论中找到解决问题的方法。教师总是尽量让学生认识到一点:遇到问题,你可以请教别人,但谁也不能代替你。

(深圳市南山实验学校　王　涛　唐晓勇)

拥抱自然,走向社会

【活动背景】

综合实践活动如何结合学生现有的知识与经验?如何与本校教育教学特点融成一体?如何达到与学科教学同时并进?如何充分调动全体教师的积极性和家长资源?如何调动社会资源为学生的学习服务?我们从学生喜欢游玩、热爱自然的特点出发,拟订实践活动计划,使学生将所学知识应用到实践中去,让他们在实践中得到历练,得到成长,达到学校全面关怀,融合教育的目标。

【活动准备】

1. "家长会"参与,筹集资金。基于我校是民办学校和学校融合式教育模式的特点,我们充分发挥四年级家长委员会的作用,首先召开了各班级的家长委员会会议,取得一致的共识,决定让四年级全体学生参加本次综合实践活动,并向所有家长发出建立基地征求意见书,由家长委员会帮助筹集活动基金,共筹集资金38000左右。由班主任和家长组成专项资金管理小组,每次活动都有家长参与,每次家长会上由教师向全体家长公开账目,并进行结算,保证每一分钱,都用到学生的实践活动之上。

关于建立社会综合实践活动基地的征求意见

各位家长:

综合实践活动是我们南山区作为国家课改实验区的重要实验内容之一。为了全面提高学生的综合素质,在全年级班主任、各班家长委员会成员多方面的协商和共同努力下,我校四年级组已制定了2003～2005年的综合实践活动规划方案,并作了具体的部署。现将我们组2003～2004学年具体规划说明如下:

1. 活动主题:本学年四年级学生以拥抱自然、走向社会为主题,以青青世界、红树林、光明农场等为基地,开展多学科的综合实践活动。

2. 参加对象:家长、四年级学生、各科任教师、学校和社会各级领导。

3. 活动目的:把学生从课堂推向社会,让学生从实践中得到锻炼、体验,综合应用知识,提高综合实践能力,培养适应社会发展需求的人,展示我校风采。

4. 活动时段:全学年一共进行四次活动,本学期活动两次,第一次时间初步定在2003年2月3日(全天)。

5. 活动内容:进行数学、英语、语文、美术、音乐、自然、摄影、社区服务、导游、才艺展示等综合实践活动。

6. 活动经费:活动经费由家长委员会筹集,筹集经费完全采用自愿原则。筹集的钱款由班主任保管、家长委员会推荐人员参与支付结算。

7. 其他：

（1）我们不光是带着学生去玩，而是带着具体的任务有目的、有计划、有验收地开展综合实践活动，同时我们以年级组独立行动，所以特征求各位家长的意见，请各位家长支持、帮助。若有不同意见请与各班主任联系。

（2）欢迎家长与学生一起参加活动。

（3）活动开始时我们会举办一个启动仪式，届时欢迎家长莅临指导。

四年级组家长委员会
四年级组全体班主任

2. 建立实践基地。我们向青青世界、世界之窗、光明农场等有关部门提出建立实践基地报告，得到大力的支持，建立了实践活动的基地。下面是建立基地报告之一：

关于建立青青世界社会综合实践活动课基地的报告

青青世界市场部领导：

综合实践活动是南山作为国家课改实验区教学改革的重要内容。为了使我们的学生不输在起跑线上，我校拟定与青青世界合作，建立以拥抱自然、走向社会为主题的实践活动基地。现将我们的规划与请求作简要的汇报，恳请各位领导给予帮助、支持。

1. 本学期我校小学部四年级学生（240人左右）参加以青青世界作为实验基地的课题研究。

2. 从学生的实际情况出发，我们请求能在门票方面给予优惠。即每个学生每次进场收20元，场内需要另购门票的场所都给学生半价优惠。并请给予免全体随行教师和每班两人的家长门票。

3. 活动时间：2003年12月3日。

4. 我们请求青青世界领导和员工给予我们大力的支持与帮助。谢谢！

深圳市南山中英文学校四年级组全体教师

3. 年级制定计划。为了学生们能在实践活动中，真正地得到锻炼，我们年级组的教师，团结一致，共同协商，制定如下计划，并报校长审批。

四年级组主题活动计划

1. 总体设想。四年级组社会综合实践活动课，按我年级特点与我校国际化发展战略需要，分三步走：

（1）拥抱自然、走向社会（实践地点：青青世界、红树林、光明农场、博物馆等）；

（2）童心童趣快乐年华（实践地点：华侨城欢乐谷）；

（3）走向世界（实践地点：华侨城世界之窗）。

2. 活动阶段及时间安排

第一阶段：2003～2004学年

第二阶段：2004～2005学年

第三阶段：2005～2006学年

3. 活动内容：参观、绘画、素描、写作、数学实践应用、英语口语和书面形式表达、与人、交流、社区服务（包括卫生环保、劳动）、摄影、问卷调查社会问题、导游服务、了解动植物种类及有关知识,才艺表演(舞蹈、乐器、唱歌、美术、课本剧)。

4. 参加对象:四年级学生、各科任教师、家长、学校和社会各级领导。

5. 活动方式:把课堂搬到社会、自然,把展示舞台搬到社会。

6. 活动目的:把学生从课堂推向社会,让学生从实践中得到锻炼、体验,综合应用知识,提高综合实践能力,培养适应社会发展需求的人,展示我校素质教育风采。

【社会实践】

1. 现场实践

(1) 美术陶艺实践:素写、描绘、泥塑各景点。

(2) 数学实践:测量面积周长、数学构图、造价估算、用数字、数量描述各景点的部分内容等。

(3) 中英文应用:用中、英文口语和书面形式表达景点的景致和感想(导游、英语教师现场给予帮助)。

(4) 科学实践:制作标本、了解动植物种类及有关知识。

(5) 综合实践:与人交流、社区服务(包括卫生环保、劳动)、摄影、问卷调查、导游服务。

2. 才艺表演:上网查询资料,编排歌舞,摄影作品、绘画作品、雕塑陶艺作品、课本剧(由活动内容编成)、数学小论文、中英文作品展示。

3. 时间分段:

第一次活动定于 2003 年 12 月 3 日全天(地点:青青世界)。

第二次活动定于 2003 年 12 月 19 日下午(地点:红树林)。

第三次活动向家长汇报、展示成果(地点:校内)。

(1) 第一次活动:走近青青世界。具体安排如下:

① 2003 年 12 月 3 日上午 8:20,四年级师生在操场升旗台前集合,下午 3:30 从青青世界乘车返校,班主任将当天活动进行总结、布置有关任务。

② 活动内容及有关安排:

班级分组	活动区域及活动内容
四年级一班 四年级二班 组长:左老师	1. 上午,学生进行观光和中英文、摄影、科学实践活动。 2. 中午,学生吃饭完毕,休息 30 分钟。 3. 下午,以青青世界大草坪为中心,进行数学测量(包括测量一公顷土地、100 米距离、对某一景点进行造价估算、画出被测量地的平面图形)和美术、科学实践。 (具体时间由各班自由掌握)
四年级三班 四年级四班 组长:张老师	
四年级五班 四年级六班 组长:赵老师	

备注:
    1.每次活动前,要求首先上网查相关资料。
    2.每次活动结束后,中文教师组织学生继续上网搜索有关资料,并引导学生写成文章,英文教师将学生的好文章翻译成英文,在课堂上让学生朗诵。
    3.才艺表演由音乐、美术、体育教师组织,各班派出几个出色的学生参加表演,但不要求全部到场观赏。
    4.把家长发动起来参加到每次活动中去,如让家长当导游等。
    5.活动过程学生要带笔和本,画夹,有条件的可带摄影机。
    6.各班派出最佳学生为别的班级当导游讲解。
    7.各学科教师在展开实践活动之前要完成准备工作,让学生有充分的准备时间,教师要做好学生的组织、讨论、分工及协作、引导工作。

活动具体目标:
    整个活动结束之后,每个学生要完成一篇关于青青世界的文章(翻译成英文)、流利地用中(英)文介绍一处景点。要在美术教师、陶艺教师的帮助下完成沙塑模型与陶艺作品,完成两幅绘画。完成一个景点的数学构图、测量及有关的计算和造价估算。完成一个摄影任务。(详见科组目标具体规划)

③ 说明:
    A. 才艺表演:我们将结合家长会,在我校举行一场综合性的(包括美术、陶艺、科学、音乐、作文、中英文口语、数学实践、沙堆泥塑等活动)成果汇报活动。
    B. 注意问题:
    ⓐ 安全重要于一切,活动过程班主任、各课任教师共同组织、协调、管理,共担责任。
    ⓑ 每次要保质保量完成学习活动,做好成果(作品)的汇报展示准备活动。
    ⓒ 各班的美术作品和数学测量、构图的景点对象尽量不同,以便充分展示全景风貌。
    ⓓ 学生自带相机、画夹、水、小吃、卷尺。班级带测绳、标杆。

④ 几点请求:
    A. 学校为每一班买一个小型喇叭。
    B. 学校派出校电视台摄制组成员,进行拍摄录制,准备在电视台播出。

附(1):启动仪式实录:
2003年12月1日,学校四年级全体师生集中在校功能厅进行实践活动启动仪式。校长、政教主任在仪式上进行了开题陈述、提出目标、宣布实践活动正式开始。

    接着,教师代表讲话
    教师导入课题,引导学生提出问题,解决问题,解决活动前的准备工作。
    师:同学们,我们期待已久的实践活动今天终于启动了,大家兴奋的心情都写在脸上。大自然是最好的老师,我们到大自然中去感受自然的美,把所学知识应用到实践中去,到那里去施展我们的聪明才智,感受成功的喜悦。但我们是去实践活动,不只是去玩,我们是将课堂搬到大自然,搬到社会上,用我们所学的知识去发现问题、解决问题。为了达到目标,我们将要在出发前做哪些准备工作?你们想要知道哪些问题?需要聘请哪些人作自己的合作伙伴、指导教师?现在请同学们提问或说说你的想法。

（学生代表讲话，引起学生对课题的讨论。）

学生代表在仪式上，不仅表明了决心，更重要的是提出了自己的想法。他们号召所有同学立即行动起来，首先在班级组成自愿合作小组，然后聘请语文、数学、英语、科学、美术、陶艺等各门课的教师作为自己的指导教师，并在活动前明确各科的具体目标，讨论解决各科在活动中具体任务的解决办法。

由于师资资源有限，学生提出：能不能找自己的妈妈、爸爸作指导教师呢？可以不可以请社会上其他人做指导教师？教师对学生的建议给予了肯定的回答，这更引起了学生和家长强烈的兴趣。活动尚未开始，师生心中、家校中间就已经掀起一阵热潮。学生们都在精心准备着，憋足劲等待12月3日的到来。

附(2)：师生共同制定的实践目标(部分)。

数学实践活动

1. 活动目标

(1) 进行实地测量，量长度50米的草坪的长和宽，并请学生计算出周长和面积。

(2) 进行步测和目测。步测出50米连续走多次(至少4次)的步数，并计算出每步的长度。

(3) 根据实地测量的结果和青青世界的门票收入，调查写一份数学报告。

2. 测绳：由庄和煜同学的爸爸负责买绳子。每50米长的绳子，由几位家长帮助解开。

3. 教师和家长帮助学生树立标杆、拉绳子，以免测歪。

4. 各班每10人为一组，经商量后分工到人，进行合作测量。

青青世界风景写生

写生方法：欣赏观察比较和写生相结合。

写生目的：通过风景写生的学习，使学生利用所学的美术知识，表现自然风景树木的比例、轮廓、体积、对比、远近、方位和透视。培养学生对风景写生的理解能力，发展空间造型想像力。

重点难点：运用结构线画出风景的远、中、近的组合关系。

作业要求：对自然风景树木进行分析、写生。要求布局合理，构图饱满，用线流畅，透视关系基本正确。

学具：4B-6B铅笔、钢笔、彩笔、签字笔、速写本、画夹。

写生建议：要注意构图美，要按整体——局部的原则作画。

中文实践活动

活动形式：用画画，摄影，写作文三种方式中的任何一种方式记下学生的游览活动。

作文要求：认真观察青青世界里的景点，并用笔记本记录所游览过的所有地方，回来之后写一篇游记。目的是学会观察，学生可以抓住青青世界里的著名景点或者是自己喜欢的地方具体描述。作文先由同学互改，再教师批改，后重新整理。学生可以把自己的摄影作品贴到自己的作文里。教师指导写得非常好的同学改写成一篇游记。

【活动反思】

1. 活动规模。这次活动共有233名学生、24名教职员(包括张校长、电视台教师)和10多名家长参加。

2. 教育意义。学生进行了大量的体验性活动,他们听说、记录、摄影,了解了蝴蝶、热带雨林及各种动植物知识,感受了大自然的亲切和可敬可爱。特别是穿越热带雨林,对学生具有非常深远的教育意义。对鸟类动物近距离的认识,使学生深深的感受到了人与自然和谐的重要性。

3. 学生学会了如何关心别人、尊敬师长。他们在野餐时,不仅吃得又香又甜,而且把自己带来的食品分给教师。

4. 学生在数学教师、科学教师和美术教师的指导下,自主进行土地测量、步测、目测等数学实践活动和制作标本、野外画画等实践活动,锻炼了运用知识的能力。

5. 学生在整个活动过程中表现出很高的热情,他们积极主动地参与学习活动,实行小组负责制。平常所谓的调皮生一点也不调皮,他们在实践活动中反而表现得更出色。尤其是学生在野外合作测量的行动特别默契,小组长的作用发挥得也很好。培养了学生合作、组织、领导与人沟通等各方面的能力。

6. 目标完成情况。每个学生完成了一篇作文、一次数学测量(包括步测、目测)和实地估算、一篇数学报告、两幅画、多幅摄影作品、中英文单词翻译、陶艺作品、沙雕制作、数学实践报告,以及上网查询青青世界资料并打印出来。结合家长会,四年级学生向全校师生和家长展示成果,并人人充当导游,针对青青世界实践活动展示内容解说(包括介绍自己的作品制作过程和心得)。

7. 成功的经验。(1)很好地发挥了家长委员会的作用。如四年(5)班的四位家长们,他们停下手中的工作,出钱又出力,购买了学生数学测量的绳子、给学生当英语导游、帮助班主任一起组织管理学生并且许多家长表示只要班主任开口,不管自己工作多么忙都会来帮手。

(2) 学校电视台全程跟踪拍摄的节目。节目在校园网播出后,取得了非常好的效果。

(3) 小组负责制是个一举多得的方法。既明确了责任,又便于管理;既减轻了教师的负担,又充分锻炼了学生的能力。

(4) 实行任务明确(时间限定、作业件数定量、作业定标)、作业对象、组织形式自行决定的管理机制,更有利于学生的自主性、创造性的培养。

8. 不足之处。(1)如何让全体学生投入活动?全年级还有七人未参加活动。如何让全体家长和学生理解、支持活动?

(2) 如何给教师减负,给学生更多的空间?教师为什么在活动过程中仍不敢大胆地放手?这是不是与我们固有的教育方式有一定的关系。国际班的学生在课堂上放任得不得了,可他们在本次的小组合作活动中表现得相当出色。这值得我们教师好好地反省一下自己的教学方法。

(深圳市南山中英文学校　陈永长)

小小塑料瓶

【活动背景】

开学之初,天气较热。我班几乎每个学生都带饮料到学校,喝完饮料,都习惯性地把塑料瓶扔向垃圾桶。一天下来,垃圾桶里堆满了塑料瓶。因此,塑料瓶成了我们班最大的一个污染源,也成了我们班一个伤脑筋的问题。这时,有些学生提议:将废塑料瓶收集起来,卖给废品回收站,变废为宝。这样既减少了教室里的垃圾,减轻了值日生的负担,又可以积攒一点钱作为班费。对于学生的这一创举,教师马上给予表扬,并立即实施。经过教师引导,学生对塑料及其塑料制品产生了浓厚的兴趣,希望了解塑料的一些有关知识,尤其是塑料制品对环境的危害以及如何变废为宝等问题,"小小塑料瓶"课题研究活动由此拉开了帷幕。

【活动过程】

活动准备:

1. 根据学生的住址,把全班同学分成四个小组。
2. 每个小组选一个组长和一个记录员。
3. 每个小组安排一位指导教师。

第一阶段:了解塑料的来历、用途以及危害,并做好调查活动的准备工作

活动目标:让学生了解塑料的有关知识,认识到废旧塑料对环境的危害性;教给学生调查的基本常识。

活动内容:

1. 课前布置学生查资料或上网等方式,了解塑料的来历、用途以及危害。
2. 课堂上学生分组交流资料,对塑料的有关知识有了一个初步的了解。
3. 请科学课教师讲解塑料的有关知识,使学生认识到废旧塑料制品对环境的危害。
4. 分组讨论、设计各自的活动方案。
5. 学习调查方法的常识(学生发言,教师总结)。
6. 模拟调查(叫一组学生上台进行模拟调查,之后学生评价)。

教师工作安排:

班主任做好组织工作,教给学生有关查阅资料、调查研究等方面的知识。

科学教师做好具体的指导工作,传授学生一些有关知识。

第二阶段:小区塑料污染情况调查。

活动目标:调查华侨城各小区的废旧塑料的污染情况以及居民对废旧塑料危害性的认识。

活动内容:

1. 在教师的指导下,各小组到小区的家属楼、商场、菜场等地方了解人们对塑料制品的使用情况,废旧塑料的去向以及回收情况。

2. 设计问卷,内容包括人们是否经常使用塑料制品,对塑料的认识,对废旧塑料的处理等。

"废旧塑料对环境的污染情况"调查记录表

调查小组成员	组长		记录员	
调查对象	○小孩　　○青年　　○中年　　○老人			
调查时间				
调查地点				
调查内容记录	● 你家有( )个人 ● 您家使用塑料制品的情况 　A. 经常使用　　B. 较少使用　　C. 基本不用 ● 您家怎样处理废旧塑料? 　A. 随便扔掉　B. 放到垃圾桶　C. 买给回收站　D. 再利用 ● 您怎样看待废旧塑料对环境的污染? 　A. 严重污染　　B. 一般污染　　C. 轻微污染 ● 您对污染环境行为的态度 　A. 痛恨　　B. 立即制止　　C. 无所谓			

3. 由教师带队,学生分组到各小区进行问卷调查。

4. 数学教师教给学生一些整理资料、统计等方面的知识,指导学生列表统计调查结果。

5. 列表统计调查结果。

教师工作安排:

科学教师利用科学课指导学生设计好调查问卷

数学教师教给学生一些整理资料、统计等方面的知识。各调查小组教师带本组学生外出采访。

第三阶段:设计塑料处理、回收小方案,利用废旧塑料制作工艺品

活动目标:通过各小组设计塑料处理、回收小方案,培养学生的探究、合作以及环保意识,通过制作塑料工艺品,培养学生的动手制作能力。

活动内容:

1. 通过整理资料,小组讨论等形式,设计出各自的塑料处理、回收小方案,准备在班上交流。

问题	总人数	A	B	C	D
问题1	39	16	18	5	
问题2	39	0	27	10	2
问题3	39	24	13	2	
问题4	39	15	20	4	

调查统计结果

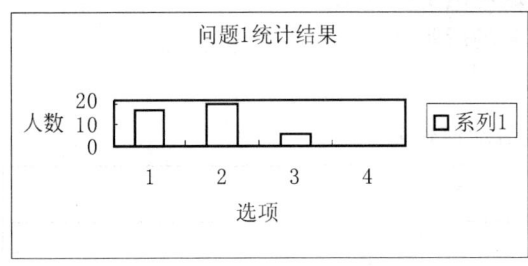

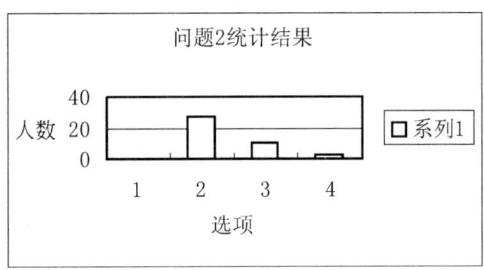

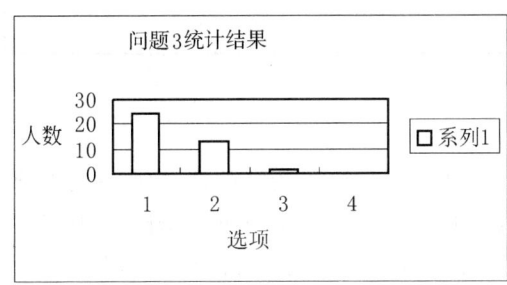

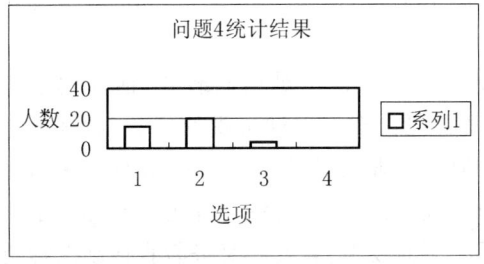

2. 各组实施自己的小方案。

3. 布置学生利用废旧塑料制作工艺品。

4. 工艺作品展示活动。

教师工作安排：

美术教师利用美术课,指导学生制作工艺品。

班主任对设计优秀方案小组和制作工艺品的优秀者给予奖励。

第四阶段:撰写小论文、活动总结报告和展示、评价学习活动成果

1. 各小组以调查报告、实验报告、观察记录、访谈记录、小论文、模型、图片、实物等多种形式展示自己的研究成果。

2. 每个小组学生把自己的活动过程、调查结果、设计方案等通过手抄报的形式在班上汇报交流。

3. 组织展览活动,把学生的研究成果展示给全校师生。

4. 以班级名义写一份倡议书,并在相关场所张贴。

5. 评价自己的成果,提出改进意见。

综合实践活动评价表

评价成果名称	
评价时间	
自我评价意见	
小组评价意见	
值得借鉴的:	
需要改进的:	

6. 班主任对此次活动进行总结、表彰。

【活动反思】

综合实践活动无论对学生还是对教师来说都是一个比较新鲜的活动课,在这块教学新领域,我们只能算是蹒跚学步的稚童,虽然开始的时候走得还不算稳健,但毕竟还是迈出了可喜的第一步。教师带着学生走进了这一教学新天地,虽有不少的艰难,但也有不少新发现、惊喜和欢乐。"小小塑料瓶"主题活动,不仅给了学生一个学习、探究和锻炼的机会,教师也从中受益匪浅。

首先,学生在这次活动中所表现出极大的热情。这次活动历时较长,活动内容较多,但全班没有一个学生表现出厌倦的情绪,没有把它当作一种沉重的任务,而是把它当作是一项愉快的活动。在查资料的过程中,他们表现出很强的求知欲;在调查采访时他们又是那么的认真、不辞辛苦;在设计方案时他们展现了无穷的想像力。教师被学生们的热情感动了,同时也被这门课程的魅力所深深的吸引。《九年义务教育活动课程指导纲要》要求"学生能够积极、主动、热情的参与各种集体活动和社会实践活动"。因此,培养学生的热情和参与意识是开展综合实践活动的关键点。

其次,这次探究活动也增强了学生的环保意识。作为国家级绿色学校,我校一直把培养学生的环保意识作为教育的一个重要方面,利用综合实践活动来提高学生的环保

意识是我们环保教育的一个新的尝试。在活动中学生们通过查资料,听讲座,搞调查等方式,认识到塑料制品对环境的巨大危害,了解到社会上人们对环保的不同看法,意识到保护环境的迫切性,同时也具有了保护环境的责任感。有了这种意识和责任感,他们也就能自觉地付诸行动。这次主题活动之所以能达到预期的目标,主要是因为综合实践活动课不是空洞、枯燥的说教,而是让学生在生动的实践中去感受,去行动,收获到一般的课程所无法达到的效果。

(深圳市华侨城小学　袁文斌)

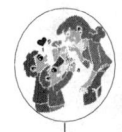

走进标志世界

【活动背景】

社会在进步,时代在发展,新的生存环境呼唤新的适应型人才,呼唤具有良好素质的能力型人才。现代社会又是一个具有规则的社会,遵守规则是每个公民应尽的职责。生活中随处可见的标志,如同形象的语言,时刻提醒着公民遵守规则。因此,了解标志文化是引导学生认识社会的一种有效途径。可以说,标志已经充盈着我们的视野,进入了千家万户,和我们的生活息息相关。了解标志,可以让学生更好地认识世界,更好地丰富他们的生活经验,更好地适应现代社会的高速发展,增强他们遵守社会公德的责任心,还可以让这种无声的语言更好地服务于人们的生活。

【活动目标】

1. 设计思路

(1)整个活动以"标志的分类"、"标志的文化内涵"调查活动和"标志新创意"的活动来体现学生自主学习,包括调查、交流、总结和汇报等学习活动。

(2)在调查活动中采用小组合作学习的方式,促进学生的协作探究、学习交流、相互欣赏。

(3)教师在调查、交流和汇报活动中,引导学生发现问题、提出问题,以促进学生综合实践能力的提高,促进学生社会主人翁意识的增强。

2. 活动目标

(1)了解标志的基本知识,认识各类标志的含义及作用。

(2)标志分类情况及设置地点。

(3)了解人们认识标志与使用标志的情况。

【活动过程】

一、了解标志的有关知识(这个环节需要学生利用课外时间完成)

二、根据学生实际情况分组调查访问(鼓励学生以照片、摄像、图片、录音等形式展示调查过程)

第一组:观察人们自觉使用标志的情况,并作好记录。

第二组:到南头村、大新村、大商场、超市、桂庙路口、荔香公园一带,针对设施标志、服饰及家电标志、交通标志等进行调查,了解标志的设置情况及各类标志的意义。

第三组:上网了解标志的分类及其作用。

第四组:采访周围人们认识标志的情况,并做好记录;采访商场售货员、公园工作人员、交警等相关工作人员,了解标志的分类情况及标志的作用。

第五组:去小区、市场随机调查,了解市民对标志的评价。

三、整理采访资料

推荐活动:

1. 举办《我身边的标志》手抄小报展或图片展。

2. 根据自己所获取的各种资料写一份研究报告。

四、感受标志文化:品标志、说标志

1. 欣赏世界各国的各类标志(此节目可由学生和家长合作完成,以幻灯片的方式电脑展示,并配音乐。)。

2. 品尝标志文化(结合课前的调查采访进行汇报,汇报鼓励采用多种方式,如图片展示标志的类别、特点,语言描述其作用和艺术性等。)。

推荐活动:

1. 开展一次品味标志活动,欣赏标志艺术,谈论标志文化。

2. 举办一次"标志灯谜晚会"。

五、创意标志

标志已随处可见,深入人心,但它还处于不太完善的阶段,通过对标志文化的了解,让学生设计、创造一些生活中需要而且有实用意义的标志。

推荐活动:

写——写一条响亮的标志广告语;写一些探寻标志的日记;为标志写一则建议书。

画——画一幅或多幅你设计的标志图,并配上说明文字。

提——提一点关于标志的建议。(设计、位置、作用等方面的都行)

办——办一个"漫话标志"的特色网站。

【学习评价】

1. 通过活动学生是否认识到一些常用标志含义、作用及分类情况。

2. 学生是否对周围的人们认识标志与使用标志情况有个初步的了解。

3. 学生是否提高了查找资料和搜集、整理信息的能力。

4. 学生是否能将自己的研究成果创造性地通过不同的形式向大家展示。

5. 学生是否养成了在生活中观察问题、发现问题、处理问题的能力,综合实践能力是否得到了一定的发展。

6. 学生是否树立自觉遵守规则、社会公德的意识,是否具有一定的社会责任感,是否自觉地做一个文明的社会人。

7. 学生通过实践活动是否对所获得的成果有喜悦感、成就感,是否感受到与他人协作交流的乐趣,能否学会欣赏别人。

【活动反思】

1. 学生们通过实地调查、采访、查阅资料、统计、讨论、设计创作等,不仅认识了各种标志,开阔了眼界,更深刻地认识到标志在人们生活中起到的巨大作用以及为人们生活带来的便利。活动使学生的主体性、参与性得到充分发挥,综合实践能力得到了锻炼和提高,社会责任感得到了增强,课题具有一定的实效性。具体表现在:

(1) 学生积极参与到活动中。他们能够积极主动、自主合作探究进行学习,并体会

到合作学习、互助提高的乐趣。

(2) 学生懂得关注生活,能够发现生活中的问题,并知道通过什么样的方式解决这些问题及困惑,他们提高了收集信息和处理信息的能力。

(3) 学生的创造性思维得到很好的开发。他们发明和设计创造了许多令人欣喜的标志,其潜力是无穷的,想像力是丰富无比的,创造力是惊人的。

2. 教师今后组织学生开展社会实践活动时要注意:

(1) 活动之前,教师需要更多地了解有关方面的专业知识,从而更有利地指导学生。

(2) 社会实践要力争取得家长的支持,得到家长的认可,以保障活动时间和安全问题。

(3) 教师要在培养学生兴趣的持久性上下功夫,针对学习有困难的学生,应多给予帮助。

(4) 教师对学生进行学习方法的指导培训是顺利实施活动的重要条件。

(深圳市阳光小学 任凡芝)

做美化社区的形象大使

【活动背景】

拥有优美、雅静的生活环境,是每个社区人的梦想。人们越来越意识到周边环境对日常生活、工作、学习影响之大。然而,沙河社区环境以"脏、乱、挤"而著称。这里违章建筑多,交通拥挤,道路狭窄,脏水四溅,沙尘飞扬,安全隐患多,电线、管道乱铺乱设。我们学校位于社区内,师生对此反应十分强烈。教师有责任引导学生关心社区,使他们养成保护与珍惜环境的良好习惯,让他们学会欣赏人与环境的和谐美。

我们选择"做美化的形象大使"作为活动主题就是要培养学生参与社区的文化建设与环境建设,关心社区的未来发展。

【活动过程】

第一阶段:收集有关社区的基础材料。

1. 社区变迁与发展。

我们采访了沙河社区居委会,了解到沙河社区是在渔(农)村的基础上发展起来的,基础居民是农民、渔民,在特区开发的初始阶段,由于当时的特定历史原因,出现了大量农民房,因此吸引大量外来人员在此租屋,由此带来许多遗留问题,诸如建筑无规划,违章建筑多,交通拥挤堵塞,社区居住人员的现状也相应杂乱。

2. 社区居民组成状况。

考察小组的成员深入居委会调查了解社区居民的文化程度,所从事的职业等有关情况,并在教师的帮助下通过计算机系统进行统计分析。

社区居民文化程度以及所从事职业统计表

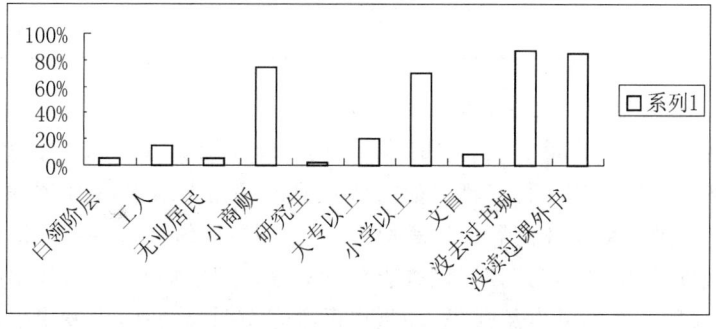

3. 分析与思考。

学生从调查中发现,高学历者对社区生活环境要求较高,对社区建设也有较高的热情,有较强的改善环境的意识和要求。低职业圈和低文化层次者则对居住环境无要求,他们缺乏环保意识,甚至是环境破坏的制造者。学生们通过分析、比较生活中发现的问题,深切感受到丰富的文化知识和良好的道德修养不但可以改变一个人的外在形象,还可以塑造人的美好心灵。

第二阶段:社区现状的调查。

1. 确立调查内容:

（1）设施:

设施名称	类　别	摆放地点	数　量

（2）建筑:

设筑名称	建筑类别	数　量

（3）拥挤路段人流量:

日　期					
校门口					
人　数					

（4）拥挤路段车流量:

日　期					
校门口					
车　数					

2. 统计、整理、分析、调查结果:

学生们通过调查对流量一词有了认识,学到一个新知识点。调查得知:5分钟内校门口经过的各种车辆竟达一百多辆。他们认真地记录调查结果,并自带相机用镜头记录下真实材料。通过对上述问题的调查取证,学生用数字统计,用照片、录像、录音等形式反映这些实际问题,并填写《社区调查表》,针对存在问题提出建议,找出症结所在,还制定了《社区文明公约》,分发给居民,动员居民遵守文明公约;学生发出倡议《给社区居民的倡议书》和所在居委会联系,寻求妥善的解决办法;他们将有关材料上报交通和市政管理部门,用自己的言行表达美化社区的愿望,从中深切感受到作为社区小主人的自豪感。

第三阶段:参与社区美化。
1. 查阅资料分析。
(1) 在周边社区调查的资料、网上的资料、调查表、照片、录像。
(2) 采用问卷调查的形式了解社区居民对社区环境的要求。
(3) 写出书面报告。
2. 组织美化社区形象小分队。
(1) 参加社区绿化。
(2) 维护社区环境卫生。
(3) 保护社区环境的宣传,文明公约、建议书、倡议书等。
(4) 与社区保安共建美化社区文明监督岗。
3. 调查报告与体会。

通过前一阶段的调查,学生们意识到社区环境的改变对人们生活、工作、学习的影响越来越大。他们在对周边社区的实地考察中发现:凡是优秀社区都特别注重创设社区文化气息和文化氛围。优雅、美观的城市雕塑、富有诗情画意的亭台楼阁、茵茵的绿地、潺潺的流水。在这样优美的环境里,人们不仅赏心而且悦目。优美的环境、漂亮的景致陶冶了人们的情操,使人身心愉悦。正如一位名人所说:美是生活。环境的美折射到我们的心灵深处,唤醒了学生们对美好事物的追求,使他们意识到:一个人具有美好的行为才能和周边美好的事物融为一体,达到和谐统一。

第五阶段:展示成果。
1. 展示会。展示美术作品,做社区建设的小设计师,设计图。
2. 采访日记。用作文的形式表达心中的感受、畅想心中的理想。
3. 主题班会。以各种形式展示学生学习成果。
4. 为社区发展献计献策。
5. 将学生们的建议归纳整理,写出书面建议,通过家长委员会转交居委会。

学生的建议与思考

(1) 重新规划建设。原来的违章建筑要折毁,还要重新规划设计,建一些高层住宅小区,腾出地方修建绿地,进行绿化。还可以建一些花园,建一些雕塑、喷泉来美化环境。

(2) 设一些供休息的椅子,使人们在散步的同时,也可以休息。也能适当增加一些健身器材,为居民提供锻炼的机会。

(3) 把道路拓宽,开设专用的停车场,方便停车,改善交通条件。

(4) 严格管理外来人员。不许乱扔垃圾,不许带陌生人进出社区,人员出入都要登记,这样可以减少犯罪率,有利于治安管理。

(5) 要爱护公共设施,不要破坏,损坏了要负责,要照价赔偿。

【活动反思】
综合实践活动课强调学生拥有自己的实践活动,思考社会问题,运用正确的方法和合理的手段,解决实际问题。学生有了综合运用知识的机会,才能提高实践能力,培养

探究意识和创新精神。作为指导教师,我感受最深的是:这门课程把教师从应试教育、满堂灌的牢笼中解放出来,开阔了教育视野。教师的职责不单单是给学生灌输多少知识,而是要教给学生灵活的思维方法和学习方法,培养学生正确的生活态度。总而言之,综合实践活动促进了学生多元化智力的发展,为学生的全面发展提供了广阔的天地。

(深圳市沙河小学　李兆群)

成 果 展 示

【课程描述】

教师带领学生经过一个阶段的主题探究活动,进入一个重要的活动阶段:学习成果展示。

成果展示,即是学生把自己或小组在学习活动中的收获汇集、整理成各种形式的成果(作品),并通过多种方式在班级、年级或学校进行交流、展示和评价。

综合实践活动成果展示是学生进行学习活动的一个重要内容:(1)学生通过展示活动能够再现学习过程,激发他们自我表现的积极性和自我表达能力,树立学习自信心,滋生进一步探究的愿望;(2)展示活动是学生相互交流、合作学习的一个好机会。学生们将参与活动的心得与体会以小组汇报的形式向全班、甚至全校学生展示、交流,既有机会获取其他学生的建议,同时在汇报过程中深刻体会到小组成员合作的重要性;(3)教师通过展示活动能够获取有益的教学反馈信息,了解主题活动实施的效果,学生参与活动的状态与程度,学生各方面能力的发展以及以后开展主题活动需要注意的问题。所以,学习成果展示对课程目标起落实着非常重要的导向作用。

许多教师发现,学生在各类学习成果展示活动中的表现欲望强,参与积极性高,特别是那些平时上课调皮捣蛋的学生,这个时候往往争先恐后地上台踊跃发言,他们出色的表现受到教师和同学的肯定与鼓励,这对提高他们课堂学习的兴趣,发挥他们潜在的智力因素和学习能力起着不可忽视的作用。

1. 成果展示要注意哪些问题?

首先,成果展示是全体学生共同参与的活动,不是少数优秀学生的表演,教师应尽量给所有的学生提供充分表现的机会。

其次,成果展示要注意学生的个性差异,教师对每一位学生所展示的成果评价要充分考虑到学生原有的学习基础,对学生付出的努力程度要给予更多的关注,避免为学生的学习作品或成果分等化类。

最后,成果展示内容和形式要由教师和学生共同商议,确保展示活动能够有计划、有顺序地进行。

2. 展示什么和怎样展示?

综合实践活动课程的内容、形式丰富多彩,因此成果展示内容和形式也是多姿多彩的。

(1) 成果展示内容:

展示的内容分书面式学习成果展示(研究报告、学习作品等)和非书面式成果展示(表演、答辩等)。所展示的内容就是学生围绕教育目标进行主题探究活动的过程和结

果,如学生进行调查研究、走访、统计、收集与整理资料、动手制作、动脑创意等活动过程的记录与分析结果。有成型的成果,如小论文、调查报告、汇报演讲稿、手工作品、自编报刊、图形设计、方案设计,也有在活动过程中产生的初级成果,如观察记录、调查记录、资料摘抄、收集的资料。由于不同学生的发展水平是不一致的,因而应允许不同的学生选择不同水平的成果表现形式。如后进生,如果他写不出论文、调查报告来,但是他想办法收集了资料,可以允许他以所收集的资料作为他的学习成果。

（2）成果展示形式

活动成果展示一般有这几种形式:调查报告、研究论文、知识竞赛、辩论、网页、小品、模型等。

教师在学生小组分工之后就要让学生思考调查研究活动结束后用什么样的方式来展示学习成果,使学生有目的的进行探究活动,为成果展示做好准备。

（3）成果展示地点

第一,利用教室空间,引导学生进行自我展示。学生在展示前要进行一些准备活动,如黑板上写上标语,墙壁上贴上同学们的绘画作品、手抄报等,烘托成果展示时的热烈气氛。

第二,开展成果交流活动,让学生体验丰富的学习过程。交流会以展示学生学习作品为主要内容,学校可为学生成立学习档案(学生成长记录袋),内容根据评价的需要放在里面,学生的学习作品包括调查问卷、观察日记、剪贴报、手抄报、录音磁带、绘画作品、手工作品等。教师可考虑请家长或社区有关人员参加交流活动,给学生更多的展示机会,让学生在他人的肯定与鼓励下获得学习的自信。有的家长平时只是从学习成绩的好坏评价自己的孩子,看不到孩子其他方面的智力潜能,通过学习成果交流,孩子们参与学习活动的认真态度,看待问题的角度以及发现问题、解决问题的能力,令家长们吃惊和赞叹。

第三,电脑展示,让学生更充分地表现自己。网络学习资源丰富,学习功能多,便于学生收集整理信息、相互交流学习。由于电脑的存储量大,能够长期完整地保存学习资料,利用电脑进行成果展示,既方便、快捷,又能够较为全面地展示学生的学习收获与作品。

第四,随机展示。教师注意观察学生在每一阶段学习活动中的行为和表现,及时表扬和鼓励学生所取得的进步,并随时为他们提供发言、交流、表演等机会,让学生在表现性学习评价中进行探究学习。

多维的视角、多元的舞台

【活动背景】

桃源中学的综合实践活动课程以科技制作为主,注重培养学生运用科学知识的能力、动手能力、以及创新思维能力。学校以科技制作活动为支撑点,将综合实践活动转化为校本课程,共分为三大系列:简易材料制作系列、室外大型表演系列和室内陈列展示系列。经过近两年的课程开发与教学实验,我们已经积累了学生20余项活动作品,包括太阳能电动车、庆典礼炮、驻波显示器、热空气球、走马灯、快餐盒喇叭、简易电动机等,其中简易材料制作作品最为丰富。对于这些科技制作的成果,我们积极加以利用,以多维的视角,在多元的舞台上充分展示学生的活动成果。一方面,学生的学习兴趣通过各种展示活动得到了激扬,增强了他们的自信心、进取意识、归属意识和集体荣誉感;另一方面,对于在我校切实推动课程改革、对外宣传学校课改成果、提高学校知名度等方面都具有十分重要的意义。

【活动展示】

一、课堂展示

这是学生学习成果展示的最基本的形式。学生在每一次活动即将结束之时,他们心里最想做的事就是让其他学生看看自己的作品,每一位学生都会找出许多理由来说明自己的作品是最好的。在展示的过程中,他们的荣誉感会得到极大的满足,如果获得良好评价,他们就会受到激励。同时,他们很容易静下心来思考自己的作品,将之与其他作品做比较。所以,从这一点看,在课堂上及时进行展示活动也是必要的。

例如,在学生们制作好毛刷车后,我们就在活动教室内整理出场地,进行毛刷车前行速度赛。在比赛中,学生们积极参与,前行的速度也有了快慢之分。这时,毛刷车前行慢的小组学生就会考虑慢的原因,还会向教师咨询,这时教师再与学生探讨影响前行速度原因时,学生的注意力就特别集中,而且也变得虚心了,求知欲也更强了。

再如,在制作完热空气球进行展示时,我们不仅仅看哪个小组的热气球飞得高、飞得远,结合我们对于学生评价的要求,还要比一比哪些小组热空气球外观最漂亮。因为我们注意到,并不是每一位学生的动手能力都很强,有一些女生较有艺术天赋,我们就要求在热空气球的侧面必须画上画或是写上自己的心愿,而一般来说这一点就是女生的优势所在。这样,基于对学生评价的要求所设计的展示项目就使得大部分学生拥有自己引以为豪的方面,从而有利于培养学生的归属感和帮助学生建立自信心。

二、在校园文化活动中展示

1. 蝇眼看校园。

"蝇眼看校园"是我校一项校园文化建设的主题项目,目的是让全体教师以多维视野和敏锐的洞察力来捕捉校园中发生的趣事,以幽默诙谐的方式在课堂之外来教育学生,呈现教育方式的多样性特点。

"蝇眼看校园"这一主题内容为我们提供了活动展示的机会。为此,师生设计了"气垫船诞生记"和"不积圭步,无以至千里"两个活动展示,以图片和文字的形式记录了学生在制作气垫船和走马灯过程中的趣事,加上教师最后的点评,将制作过程中学生的隐性成果展示在全体师生面前。这种方式使学生们认识到他们在活动中的付出并没有被他人忽略,从而能以更为积极的态度投入到以后的活动中去;学生不仅去追求结果、注重成败,还会注重过程中的体验。这也是与课改所提倡的让学生体验知识形成、反思学习过程的要求相一致的。

2. 校园百米艺术长廊

这是我校一项校园文化建设的主题项目。我们将综合实践活动"绒线球粘贴画"中比较优秀的作品装帧到百米艺术长廊上。这样,一方面学生的活动成果可在全校范围内展示,可搭建一个面向校外的展示平台;另一方面,学生对我校的校园文化建设也做出了一定的贡献,增强了他们主人翁的意识。

当学习作品在校艺术节中展出,学生们在观看作品的时候,纷纷议论作品的特点,比较作品的创意。这种评价形式不仅起到了展示学习活动成果的作用,而且在开放式的展示中,学生可以听到来自多方面的评价,也为学习评价主体的多元化找到了一种选择途径。

由于我校的百米艺术长廊建在校羽毛球馆,社区的很多居民周末会来到球馆打球,在运动的时候,社区居民又可以欣赏学生作品,更好地了解学校的发展,为宣传我校素质教育成果起到了实质性的作用。

三、在对外开放活动中展示

1. 区科技节。

我校的陆地气垫船、太阳能电动车、庆典礼炮、快餐盒喇叭、走马灯等学生作品在两届科技节中都获得了奖项。此外,在科技节开幕式上庆典礼炮由学生操作鸣放,在科技节中太阳能电动车由学生驾驶进行展示,此举创造性地发挥了学生作品展示的方式。一方面使得学生更加具有自豪感,增强他们的凝聚力;另一方面,也为展示我校课改成果,提高我校知名度发挥了极大的作用。

2. 家长会。

每学期一次的家长会是家长了解子女在校学习情况和行为表现的大好时机,教师都会抓好这个时机,将学生活动的作品在家长会召开期间进行展示。在2002学年上半学期,针对活动主题,我们以"我学会了查阅资料"为主题布置了一块展板,学生将他们在活动中、活动后的感想与收获写在展板上与大家分享。家长看到学生真实的成长记录后,增强了与学校的沟通,更有针对性地教育自己子女。

3. 社区宣传。

在今年五月中旬,我校所在的桃源街道办举行了首届社区科技文化宣传周,我们认识到这正是展示学生活动成果的大好时机。我们以桃源村为我校学生作品的主要展示舞台,在展示形式上,也充分注意到社区展示的特点及技巧。由于我校相当一部分生源都是桃源村小区内居民的子女,居民与学生之间比较熟悉,所以让每个学生积极宣传自己的作品。学生介绍作品的做法对社区居民具有非常大的吸引力。同时,学生向左邻右舍介绍自己得意的作品时,他们的自信心会得到增强,进一步深化了其情感及价值观的体验;间接上,社区居民加深了对桃源中学的了解,提高了学校在社区居民心中的认可程度。

四、在学校大型活动中展示

2003年末,学校举办了第三届快乐体育节,南山区政府和教育局领导及其他兄弟学校领导都参加了我校体育节的开幕式。在开幕式的入场式巡游中,我们将学生在科技制作活动中制作的作品在科技方阵中进行了充分的展示。鸣放了十六响礼炮,发射了八发彩花弹,还进行了陆地气垫船、太阳能电动车、水龙戏珠等现场表演。这使得学生活动成果的展示拥有了一个更大的舞台;还让教育行政领导及兄弟学校充分了解了我校课程改革所取得的阶段性的成果,对于我校的进一步发展具有重要的意义。

除上述场合外,学校的艺术节,在我校举办的教研活动,外省市学校来我校参观访问等场合,都可以进行学生活动成果的展示。总之,展示的舞台是巨大的,展示的对象也是广泛的。

【活动反思】

我们可能还记得当年学习英语时的情形。大学英语教师总是提醒学生,在背单词的时候,简单地去背诵单词表上一个个孤零零的单词,这样的记忆效果不会很好。只有将这些单词放到合适的句子中、具体的语境中去理解、去记忆,背单词才会事半功倍。想想当年自己老师的点拨,再看看如今学生活动成果的展示,似乎有些相通之处。我们在展示学生学习成果的时候,也要给这些展示提供一个具体的舞台,确定一定的主题内容。在这些具体的语境中,学生活动成果的展示才会更有意义,学生的感触才会更深刻,展示也才更具有教育意义。

此外,诸如小论文、社会调查的数据与分析结论、小制作的作品等等,这些学习成果都有一个共同点:它们都是看得见的。其实在展示活动中,学生的成长还来自于那些看不见的成果,或者说是隐性成果。比如小组成员之间相互协调的技巧,学生的组织才能、情感态度价值观的转变,对于学科知识更深一层的理解等等。对于这些成果,教师也要找到合适的载体,以各种表现形式展示出来。这对于教师以多元智力教育理念进行学习评价,让学生们更充分认识自己的学习成果都是有意义的。

(深圳市桃源中学 崔柏霞)

安全自护我能行

【活动背景】

随着社会的发展,中小学生的户内、户外活动不断增多,随之而来的就是如何保证学生安全地开展各项活动。可是,据了解,我国每年数以万计天真无邪的儿童因各种事故死于非命,同时,非致命意外伤害也在折磨着更多的少年儿童及其父母亲友。这些安全事故以血和生命的代价一次次敲响了安全教育的警钟。中小学生安全问题成为全社会共同关心的热点话题。然而,当今生活环境的千变万化,社会诸多的不确定因素,家庭的过多保护,使许多学生面对具体问题时显得束手无策。无论是教师、父母或者警察,都不可能给任何孩子一生的安全承诺和保护,只有学生自身具备了安全意识和自护能力,才能保一生平安。因此,安全教育的落脚点应是培养学生的安全意识,形成自救自护能力。

【活动展示】

一、分组活动、集中汇报阶段

学生根据兴趣爱好自由组合成七个综合实践活动小组,以大家总结出的工作表为指针有计划、有步骤地对校外安全、居家安全、旅行安全、消防安全、卫生饮食安全、网络安全、建筑安全七项内容进行综合实践学习,并将学习结果汇总,在全班进行汇报。

活动小组名称:

1. 暴精英组——校外安全综合活动小组

2. 安居乐业组——居家安全小组

3. 神游组——旅行安全小组

4. 烈火雄心组——消防安全小组

5. 守口如瓶组——卫生饮食安全小组

6. 天网恢恢组——网络安全小组

7. 911反击组——建筑安全小组

二、汇报内容

1. 写宣传标语

2. 制作宣传漫画

3. 制作宣传电子画

4. 制作宣传动画

5. 制作安全手抄报或电子报

6. 创作一首安全小诗

7. 创作一首自编安全歌曲

8. 创作一幅字画

9. 编写一个安全小品

10. 编写一个小故事剧本

11. 设计并动手制作一件与安全有关的小发明或小作品

三、评价总结、发布成果阶段

对整个活动过程进行总结、评价，并将学生成果制作成网页，在网上发布。

【活动结果与评价】

由于本次综合实践活动历时较长，学习范围也较广，学生的活动成果形式多样，内容丰富，在这选择一篇学生完成的校内安全意外调查报告以供参考。

校内安全意外调查报告

吴燕琴　王艺儒　徐楚婷

在南山实验学校这个可爱的大家庭里，我们快快乐乐地学习、生活，有说有笑，就像一只只活泼的小鸟，在天空中自由自在地飞翔，但快乐不是长久的。我们这个家庭也不是十全十美的，一不小心可能就会发生一些意外，这些意外情况普遍吗？它究竟是由何种原因引起的呢？我们进行了以下调查。

每一学期，不少同学们在校园内因各种原因受伤。为了了解校园意外发生的有关情况，我们首先对本班同学进行了一次调查，调查发现在上一学期，本班有不少学生由于不小心或其他原因受轻伤，其中：意外受伤人数有27人，占比例54％；人为造成受伤的人数有33人，占比例66％；由于打闹造成受伤的人数有31人，占比例62％；由于别人跑步而撞到自己而受伤的人数有17人，占比例34％。

通过这次调查我们发现班内大多数同学都有在校内磕碰受伤的经历。一个班级如此，那么整个学校的情况又怎么样呢？于是，我们又采访了学校的校医林医生。

当我们问林医生，全校每天大约有多少学生受伤来医务室上药时。林医生就拿出上学期的医疗记录本，随便抽取了三天的记录，6月17日有13个同学受轻伤来医务室上药；6月21日的就有29个同学受轻伤来医务室上药；9月12日，有21个同学受轻伤来医务室上药。如果按照一天15个同学受伤来计算，一个学期全校至少有1500人在校内受伤。虽然这些磕伤碰伤并不是十分严重，但也在某种程度影响了学生的学习和生活。而据林医生反映，每一学年，学校也有十几起较严重的意外受伤事件需要将学生送往医院治疗。

我们又进一步了解到这些受伤的学生大多数集中在一、二年级，因为他们还小，下课跑、跳，不是膝盖磕得流血，就是手被擦伤。

就在我们进行采访的时候，有一个女同学用手按着胃，走了进来。于是我们当场对她进行了采访。原来她是四一班的，因为在上体育课排路队时，前面一个同学不听指挥，不停地跳来跳去，手前后摆动，不小心打到了她的胃。现在她的胃非常痛。

林医生还说，高年级受伤的就比较少，大多数都是肚子疼、肠胃感冒、咳嗽、肠胃病、肠胃炎、喉咙痛等等。林医生一天要为那么多学生看病，他真辛苦啊！

采访完林医生,我们又去采访了体育课老师程老师,了解学生在体育课上受伤的原因。程老师说,受伤的同学大多数是自己不小心摔跤或是被别人撞到的,也有些学生是由于运动过于激烈,器械使用不当,不听从老师的指挥等原因而造成受伤。例如:有些学生吊在足球架上,身子晃来晃去,不小心掉下来就很容易受伤。

采访完程老师,我们还看见一个同学抓着体育场入口的铁门,摇来晃去,十分危险。

再走到离足球场不远的大厅,我们又看见一个同学在风雨操场骑单车,另一个学生坐在车后座,正当我们准备要把这情景拍下来时,前面的人立刻骑着车走了,另一个也拔腿就跑。他们明明知道自己行为是错的,为什么还要这样做呢?

我们带着录像机几次想把看到的不遵守校纪校规的现象录下来,可是几乎所有人一看到镜头对准自己都自觉终止了不良行为,这也给我们带来一定的启发:学校不在楼梯口或其他一些交通要道装上摄影机,不定期地将同学们的一举一动录下来,把一些违反纪律的同学的录像放到校园网上,让大家看看他们的行为,久而久之,大家就会自觉约束自己的行为了。

通过这次调查,我们总结出以下同学们在校内意外受伤的原因:
(1) 在楼道里踢球;
(2) 在走廊、楼道里追逐打闹;
(3) 集体上下楼时,不讲秩序、拥挤;
(4) 拿小石子或其他小物件互相丢着玩;
(5) 手持棍棒互相打逗;
(6) 打扫卫生时用劳动工具打闹;
(7) 攀高并从高处往下跳;
(8) 趴阳台;
(9) 进功能室拥挤;
(10) 爬墙;
(11) 玩铁门、教室门;
(12) 高空抛物;
(13) 翻东大门的自动门;
(14) 从体育场主席台侧攀爬铁门;
(15) 用松果打战;
(16) 骑单车带人。

【学习评价】

1. 目标评价

师生在活动前后围绕主题目标对此次学习活动进行了评价,其方式主要是对学生及其家长分别进行问卷调查,目的是让学生在活动前明确主题目标,指引其学习方向,同时教师也可以了解学生对此次活动的兴趣及掌握他们对活动的意向,还可以了解学生家长对此次活动的意见看法及支持程度。问卷调查表如下:

(1) 学生问卷调查表(前测):

学生姓名:

你对本次活动主题是否感兴趣	
你对安全知识、自护常识了解多少	
你最想探究哪一方面的安全问题	
你希望采取何种方式进行学习	

（2）家长问卷调查表（前测）：

学生姓名		家长姓名		联系电话	
您的孩子是否具备一定的安全意识和自救自护常识（请具体说明）					
您是否支持孩子参加此次活动					
你准备在哪些方面给予孩子一定的指引和帮助					
您对本次综合实践活动有何建议					

（3）学生学习反馈（后测）：

你认为参加这次活动是否有意义	
你在这次活动中最大的收获是什么	
你感觉在活动中哪些方面的能力得到了提高	
你今后想探究哪一方面的问题	

（4）家长信息反馈（后测）：

学生姓名		家长姓名		联系电话	
您认为这次活动对孩子的学科学习有何影响（是否有促进作用）					
您的孩子参加这次活动前后有何变化					

您是否过目孩子的学习成果（如调查报告、电子作品等），评价如何	
您对今后的综合实践活动开展有何提议	

2. 过程评价

（1）教师在学生进行主题活动以及展示学习成果的过程中对学生进行即兴评价。

（2）教师自始至终注重语言的鼓励评价，实行赏识教育。

（3）学生每完成一个主题活动之后通过学习评价表对整个学习活动进行反思，了解自己在学习过程中的步骤和方式，通过学习评价（自评、互评），树立学习自信，明确下一阶段的学习目标。

学生学习评价表

姓名：

评价项目		评价内容	自评			互评		
			优秀	良好	加油	优秀	良好	加油
学习态度		对安全主题始终有探究兴趣，高度重视、认真对待、积极参与。						
组织合作		组织严密，分工明确、合理，组员团结合作、配合默契，还能与其他小组交换、共享信息，共同探讨疑难问题。						
工作方式		在学习活动中制订了详细、行之有效的工作计划，能运用三种以上的方法完成学习任务，工作方式科学，能解决问题。						
工作能力	与人交谈能力	能围绕自己的工作与人进行有效的交谈，能提出自己的观点，归纳别人的意见。						
	协同合作能力	与小组成员协同配合，圆满完成小组任务						
	解决问题能力	遇到问题不气馁，不退缩，总能有行之有效的解决办法。						
	搜索和搜集信息能力	信息来源渠道多样，能用三种以上搜索方式，快捷地进行搜索，能获得大量信息，且信息内容全面，包括文字、图片、声音、视频等。						

工作能力	浏览阅读能力	能较熟练地运用略读和浏览的方法,阅读大量的有关资料。						
	多媒体创作能力	能运用两到三种软件不拘形式地创作出主题鲜明、内容具体、语句通顺、条理清楚,集图片、文字、声音、视频为一体的极具创意和感染力的电子作品						
	发布成果能力	能及时上传研究成果,口头说明详尽生动。态度大方自信,语言有感染力,能根据需要调整表述方式,并及时回答所有同学的提问。						
	创新能力	善于观察、分析、思考,能提出创新的观点和独特的见解。						
	反思能力	能经常反思工作中的不足,及时总结经验,不断调整工作方向。						
	社会实践能力	能运用多种方式进行社会调查,懂得在社会中如何与别人打交道,动手实践能力强,调查报告内容详实、观点独特。						
工作成效		能根据调查结果提出有意义、有价值的建议,扩大学习活动成果。						
		能按时完成任务且速度快,质量高。						

【活动反思】

通过本次综合实践活动,学生在知、情、意、行、能五方面都得到了很大程度的提高。

认知方面:学生较为系统地学习了各类安全知识和自救自护常识,从而增强了安全意识,懂得了如何进行自我保护。

情感方面:活动引发了学生对生命的重视和热爱。

意志方面:学生在活动过程中增强了自律、自控、自省能力。

行为方面:学生在对安全隐患的探究和归因的过程中看到了不良行为的危害性,从而能自觉规范自己的日常行为,自觉遵纪守法。

能力方面:学生的综合能力如观察能力、思维能力、人际交往能力、协作能力、信息能力、阅读分析能力、创造性思维能力、动手实践能力、活动策划与设计能力、社会调查能力都在活动过程中得到锻炼和提高。

(深圳市南山实验学校　黄薇)

南山公园设计方案论证会

【活动背景】

　　2003年9月,刚刚过完暑假的四年级学生回到学校,在交流暑假的收获。当谢瑞铭等几位学生说起每天登南山的所见所闻时,不禁引起其他学生的好奇:南山为什么会吸引这么多的市民,包括老外?这时刘帝盛同学提供了一个信息:大南山在今年五月起三年内要建成一个公益性的公园。以后的南山公园将怎样建呢?不知道建好的公园是怎样呢?一系列的问题都引起了学生们的兴趣、好奇心和求知的欲望。南山小学的学生对南山具有非同寻常的感情,因为他们祖祖辈辈居住在南山脚下。如今,南山由一座默默无闻的小山即将向公园型的名山转变,这个喜讯引起了学生们的极大兴趣,他们都在思考自己究竟能做些什么事情。于是,学生们涌现出捐款、做广告宣传等等具有爱心和童心的想法。四年级(1)班和(2)班的学生经过商量后决定用自己的智慧,用他们在学校里学到的知识,去探索南山,设计未来的南山公园。他们经过四个月的实地考察、社会调查、采访专家等探索活动,对大南山的地形地貌、游客情况、山上植被、周边环境有比较详细的了解。设计组的学生根据南山的实际情况设计出各自的方案,让全班学生对他们的方案进行论证。

【活动目的】

　　1. 亲身体验参与研究性学习,培养学生的创新意识和综合实践能力以及团结协作、互助互爱,共同感受生活的集体主义精神。激发他们崇尚科学,热爱自然,热爱家乡的情感。

　　2. 通过各个小组之间的互动交流,让学生们更全面了解南山的地形地貌、山上植被、周边环境的情况。

　　3. 利用优美的地域环境和亲身实践,在实践中培养学生观察、统计、测量、访问、审美的能力,开拓创新精神,关心自然、关注社会的良好的意识。

　　4. 通过小组之间的合作学习,体会与人交流、协作的乐趣,使学生对自己的成果有自豪感和成就感。

【活动形式】

　　这节课以论证会的形式进行,由设计组的学生举证,其他学生以市民的角色对设计组的方案提出不同的看法和疑问,设计组的学生答疑。通过互动式评价,使设计组设计的方案更加合理和完善,更有创意。

【活动过程】

论证会由王晋同学主持。开始由班长叶嘉怡简介"探索南山 设计公园"活动的前一个阶段的分组探索的过程。

一、班长发言,总结活动情况

主持人:我们四(1)、四(2)班的同学经过四个月的实地考察、社会调查、采访专家等探索活动,对大南山的地形地貌、游客情况、山上植被、周边环境有比较详细的了解。设计组的同学根据探究所得,根据不同的意愿,设计出三种不同的方案。首先,请我们班长汇报一下这几个月大家的探索情况。

二、陈述三种方案

1. 主持人:谢谢班长的发言,现在请设计组的同学陈述他们的三种设计方案。

(每种方案由两个学生合作陈述,一个学生陈述,另一个学生负责在南山剖面图上按设计方案贴上各种示例图片。)

陈述方案 A:此方案设计是把大南山建设成一个观景型公园,在山顶上的四面分别建四个观景亭,既可以供游客休息又可以饱览山顶美丽的风光,并在最高处建一个三层楼高的观景楼,最上面的一层还会旋转,游客在观景楼上能同时看到四面八方的景色。

陈述方案 B:此方案设计是建一个生态型的公园,更换南山上的树木和植被,在山上放养动物,如小兔子、小鸟。在山北面的山脚建一个人工湖,湖中养各种可爱的小鱼。从不远处的南山污水厂把净化后的水引上山,再从山上往下流,形成一个大瀑布,既净化了污水,又美观了环境。

陈述方案 C:此方案设计是建娱乐型公园,在大南山北面山脚有一片很大的荔枝林,可以兴建一个娱乐场,可以建过山车、摩天轮等。另外利用东面的岩石建一个攀岩场,让市民们在假期多一个娱乐休闲的好去处。

2. 提问答疑

主持人:接下来由各位同学针对上面的三个方案提出自己的疑问。

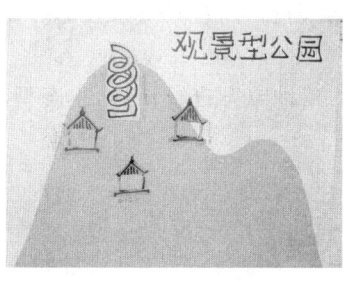

(1) 陈晨同学对方案 A 提出问题:为什么要在山顶建观景塔?

设计组的同学先播放山顶上考察的录像,然后解释这个问题:南山的山峰上生长着好多树木,高达 4～6 米,在山顶上的游客不容易看到山下的景色,这对很多游客来说是有点遗憾的,为了保护山顶的树木,又让游客尽情饱览风景,所以他们想到建观景塔。

(2) 郑倩怡同学对方案 B 提出问题:游客们想不想兴建娱乐场?

设计组的学生讲述了他们与采访组的学生对游客进行问卷调查的情况,他们统计游客登南山的目的,发现有 36.7% 游客希望南山公园有娱乐设施。

刘帝盛同学接着问:兴建娱乐场会不会破坏南山的植物?

设计组的学生播放了一段南山北麓的一片菜地。然后回答了这个问题:我们在考察地形的时候发现南山北麓有一块好大的菜地,地势平坦,又没有树木,而且交通十分方便,在这个地方建娱乐场不会破坏原有的植物。

(对于设计组的回答,学生们报以热烈的掌声表示满意。)

(3) 学生们对方案 C 提出的主要问题是:生活污水能重复利用吗?大南山的环境可以放养野生动物吗?

设计组的依据是从电视或书上看到把污水进行重复利用的例子。他们认为南山上既然有水也有树木和草地,一定能养野生动物,如野兔、松鼠、山羊等。

(设计组的这个问题没有充分的依据,学生之间形成两种意见。他们进行了激烈的争论,大家你一言我一语表达自己的看法。)

三、专家意见

最后主持人王晋请教了参加论证会的专家——南山公园筹建办主任蓝伟根来为学生解答这个问题。蓝主任说:从原则上讲南山是完全可以放养了野生动物,因为大南山上已经具备了这些动物生存的基本条件,但是由于南山的位置在人口密集的城市,较大的野生动物是不能适应这样的环境的,所以我建议放养一些小动物,如:青蛙、蝴蝶、鸟类等。关于生活污水能不能利用的问题,建议同学们自己去污水厂进行考察访问。

四、其他同学针对三种方案提出建议

周海燕同学提议:南山上石头较多,远望不美观,建议种绿色植物,如牵牛花。
李婉婷同学提议:在南山上种一些鲜艳的花,最好一年四季都能看到不同的花。
周淑霞同学提议:在南山多建公共设施,如垃圾箱、厕所,在上山路口建停车场。
陈浩伟同学提议:在南山顶上建一个天文观测台,让爱好天文的市民观测星空。

(设计组的学生一一记录下这些建议,表示要把它们加到方案中去。)

五、专家点评

最后请参加这次论证会的专家、顾问进行了点评。专家们对学生们给予了很高的评价,认为他们对南山的探索很深入,想法很有创意,同时具有很强的环保意识。

六、方案评选

在论证会结束之前,全体学生对设计组的三种方案进行评选,生态型公园设计方案被评为最佳设计方案。

【活动反思】

学生们在探索南山,设计公园的主题活动中,发挥丰富的想像力,设计了许多有创意的方案。在对方案的论证活动中,学生们都踊跃参与,提出自己独特的看法,锻炼了表达能力。这种论证方式的优势集中了全班学生的集体智慧,设计出来的方案变得更有创意、更加合理、更加完善。学生们主动、积极地参与论证活动,培养了强烈的责任感,掌握了科学的研究方法和技能。

经过 6 个多月的努力,学生们完成了本次课题研究活动,虽然他们的设计方案并不一定被采纳,但其丰富的想像力和创新能力得到了充分发挥。自主探究活动既培养了人际交往能力,又提高了收集信息、加工信息、处理信息和运用信息的能力,使他们养成从小关心自然、关注社会、关爱家园的良好习惯。

(深圳市南山小学 何旺东)

建国以来我国交通工具发展的研究

【活动背景】

伟大祖国的五十三华诞就要到了,如何庆祝呢?学生们兴趣浓厚,纷纷出谋划策,最后考虑到主题内容的新颖性、可操作性等综合因素,大家把焦点集中在办一次建国以来我国交通工具发展的校园展和社区展活动。这个活动内容很新鲜,既能锻炼我们的综合实践能力,又能通过建国以来我国交通工具的发展历史,看到伟大祖国的日益强大,增强我们的爱国情感,这真是我们献给祖国最好的生日礼物。

【活动准备】

1. 时间安排。

(1) 布置展板:9月26日—9月30日。

(2) 学校汇报:9月31日;地点:校园。

(3) 社区展览:10月1日—7日;地点:赤湾小区广场。

2. 争取学校、家长、社会三方面的支持。

(1) 教师持计划书征得校领导的支持。

(2) 写"致家长信",使家长了解活动宗旨和内容,取得他们的支持。

(3) 与蛇口港、深圳西站、机场等单位有关负责人联系,取得社会方面的支持。

3. 材料准备:标语一条、海报2张、展板7块、展台1个、宣传纸等。

【活动过程】

一、学习小组总结本组调查内容

根据学生家庭背景、父母工作及自身兴趣、爱好等分为以下5个学习小组:飞机组、火车组、轮船组、汽车组、自行车组,并选出小组长。

之后,学生有目的的搜寻资料,比如:

(1) 交通工具的基本构造和类型。

(2) 不同年代该交通工具在外观、构造、速度等方面的特点。

(3) 至今为止,该组的交通工具与国外相比是领先还是落后,国外达到什么水平?等等。

二、学生开展实践活动所具有的优势

本校开展这一实践活动,具有天时、地利、人和的诸多有利条件。赤湾西靠凯丰码头、东临深圳西站、南靠蛇口港,具有着得天独厚的地理条件;学校校园网发达,班级、办公室、电教室的电脑可以24小时上互联网,再加上本班有许多学生的家长工作在凯丰

码头,赤湾机械制造厂等单位,许多车辆、船只都是学生们身边熟知的事物,这些对学生搜集资料,获取信息提供了便利条件。他们可以利用课余时间通过询问家长,咨询老年人、参观、借阅资料、察看书籍、网上下载等多种渠道获取信息,搜集组内材料。同时,教师让学生充分利用自己搜集的资料,发挥想像,展现未来的交通工具,设计出自己心目中的机车,并制作出机车模型。

三、布置展板及展台

学生从社会实践活动中获取信息后,教师引导他们布置本组个性化的展板,并准备发言提纲,设计本组的汇报发言形式,保证人人发言。同时,每小组至少提交一份调查研究报告。

四、校内交流汇报活动

1. 各小组结合展板、展台当众汇报自己的成果。
2. 答小记者问。
3. 小组总结发言。

五、综合评价

1. 学生自评。

学生自评表

	好	较好	需努力
撰写一篇研究报告			
制作一个三维模型			
参与展板设计并且意见被采用			
多次与其他同学讨论			
向观众做口头汇报			
我今后的打算:			

2. 小组评价和其他学生的评价。

综合评价鉴定表

课题名称					小组名称	
组长		组员			指导教师	
小组评价	有完整的小组活动方案(10分)	组内成员每人至少提供了一项资料。(10分)	至少上交一份调查研究报告。(10分)	组内人员团结合作,积极讨论。(10分)	展板内容丰富,形式多样,有创新。(10分)	自评总分(50分)
自评得分						

学生评价	展板展台内容丰富、形式多样，有创新。(10分)	材料的完整性和正确性(10分)	组内每人至少汇报一项内容(10分)	仪表及语言表达能力(10分)	应答流力，准确性强。(10分)	他评总分(50分)
他评得分						
成果综合评价						
评审等级	评审人： 年 月 日					

六、活动总结

1. 学生做学习评价表。

2. 学生谈这次学习活动的收获、心得体会。

3. 思考问题：你认为这次活动中最满意和最不满意的地方或者事情是什么？

4. 教师和学生一起制作一个建国以来我国交通工具发展的网页，把自己的实践成果与全校学生和全体家长一同分享。

【活动反思】

通过教师和学生的精心策划、准备、实施,此次探究活动圆满结束。学生的学习成果受到家长、学校和社会的一致好评,他们明白了合作学习的重要性,体验到了学习成功的喜悦,也从中了解了祖国科技的进步,国家的强盛。指导教师在整个活动中和学生一起搜集材料,一起提炼材料,与学生结成合作伙伴。虽然有的学生搜集的资料与研究目标没有直接的联系,但教师决不丢弃,而是把它放入资料袋中,因为学生的参与是最重要的。让学生学会在社会这个大课堂中自觉地开拓思维,获取知识,发展能力是学校开展综合实践活动的最终目的。

（深圳市赤湾小学　康莉）

我为蛇口骄傲,蛇口为我骄傲

【活动背景】

民族精神代代传活动是2004年全国少先队工作要点之一,在"课队一体"的观念指导下,育才一小三年(6)中队结合队员所处的教育环境和实际情况,本期开展了"三个了不起"为主题的综合实践活动。整个活动分三个阶段进行:"蛇口了不起"、"蛇口人了不起"和"做了不起的蛇口人",循序渐进,逐步深入。每一个活动阶段都采用学生分组探究的形式,探究成果都进行了交流汇报展示。通过一系列形式多样的综合实践活动,学生们了解了蛇口,了解了蛇口人,产生了我为蛇口骄傲的感情,激发了做了不起的蛇口人的愿望。"蛇口为我骄傲"成了学生们的共同目标。民族精神因此也深深地印在了每一个学生的记忆里,刻在每一个学生的心灵里。

【活动展示】

一、资料展示

综合实践活动离不开收集资料,那么,资料展示就成了综合实践活动成果最常见的一种展示方式。它包括音像资料展示、图片资料展示、文字资料展示。例如,在实践活动的第一个阶段,我们就进行了资料展示。文字组、图片组的学生将自己收集到的有关"蛇口了不起"的文字资料、图片资料办成了《蛇口了不起》的主题板报,另外,通过信息课,学生学会了 Google 搜索,在网上找到了介绍蛇口的专题片《家在蛇口》,于是,大家就一起观看这一音像资料。

就这样,学生通过眼睛看、耳朵听、脑子记、谈感受等方式,全方位地获取了自己的实践活动成果,全面地了解了蛇口,从而产生"蛇口了不起、我为蛇口骄傲"之情。

二、照片展示

照片往往能真实地记录学生的实践探究过程,每一张照片,都会勾起学生一个难忘的回忆,每一张照片,都会有一个精彩的故事,看到照片,学生常常会激动不已地讲述自己的探究过程和探究收获,因此,照片展示也成了学生进行综合实践活动成果的基本展示方式。例如,在实践活动的第一、二阶段,我们就进行了这种展示,学生将自己利用节假日同家人一起游蛇口的照片,学生采访了不起的蛇口人的照片都配上文字,在中队角展示出来。在照片配文中,学生曹婧旖写道:"通过游蛇口,我知道了蛇口是我国第一个成片开发的工业区,这里的变化日新月异。生活环境呀,超好!很多外国人住在这里,都舍不得走呢!怎么样?不是我吹吧,蛇口真的很了不起耶!"学生高幔锶写道:"今天,我们对贾超伟哥哥进行了续访,因为他曾经采访过袁庚爷爷。闻名全国的'时间就是金钱,效率就是生命'这句改革口号就是袁庚爷爷提出的。我觉得原工业区区长袁庚爷爷和我们育才学校的贾超伟哥哥都很了不起。"

三、演讲展示

在实践活动的第二阶段,我们召开了主题队会——"蛇口人了不起事迹报告会"。在报告会中,三个探究小组的代表纷纷上台演讲,历史组演讲历史上蛇口人了不起的事迹,社区组演讲社区包括亲人中蛇口人了不起的事迹,校园组演讲校园里蛇口人了不起的事迹。通过演讲,学生明白了蛇口之所以了不起,关键是有一批了不起的蛇口人,这些了不起的蛇口人身上,都表现出了一种勤劳勇敢、开拓创新、不断进取的民族精神。学生感受到了民族精神的伟大力量,体验到了民族精神的时代内涵,树立了民族的自尊心和自豪感。

四、行动展示

既然蛇口人这么了不起,我们也是蛇口人,那么,我们怎样去做一个了不起的蛇口人呢?在实践活动的第三阶段,学生就要拿出具体的行动来,用行动来展示自己参加"三个了不起"这一综合实践活动的成果了。

有的学生以"小天使行动"来展示——蛇口是深圳外国人居住比较集中的地方,与外国小朋友开展结对子活动,在学好英语与他们进行平等交流的同时,帮助他们学好汉语,并积极参加学校捐出压岁钱,建一所希望小学和帮困助弱活动。全班捐款累计近200元,捐书本数居全校之首。

有的学生以"小作家行动"来展示——给市政部门写一封信,关注蛇口的未来,建议蛇口所有公共场所、公用设施提示语均采用双语(汉语和英语)。学好汉语,灵活使用母语,多写文章,写好文章,力争自己的文章发表。截止5月28日为止,二(6)中队有31名队员在《南山教育信息网》《小学教育网》《小学生数学成长日记》《今日育才》报发表过文章,累计达93篇。

有的学生以"可护儿行动"来展示——因为我们可护儿中队在一年级时曾被评为全国特色中队,本期我们继续开展了"可护儿我能行"活动,积极参与学校五好之星(把字写好、把话讲好、把地扫好、把路走好、把身体锻炼好)和与新课改有机结合的"雏鹏争章评比"。学生在艺术节踊跃登台演出,小品《买猴》逗得全校师生哈哈大笑,架子鼓《步步高》赢得了全场经久不息的掌声;全体学生在体育节上齐心协力,获得了趣味运动会团体总分第二名的好成绩;陆仪文同学在英语节上作为我们班的代表上台表演节目——讲英语故事,那一口流利标准的英语令全校师生赞不绝口……

通过行动展示,学生个个摩拳擦掌,努力提高自己的综合素质,为做了不起的蛇口人而行动。

【活动反思】

综合实践活动主题探究主要有三个阶段:一是活动准备阶段,二是活动实施阶段,三是活动汇报与评价阶段。

在活动进行到第三阶段的时候,教师指导学生总结学习成果、反思活动过程、提炼活动体验,还要指导学生以什么样的形式表达或呈现自己的学习成果(作品)。通过与学生一起进行探究活动,教师的指导能力也得到了提升,比如在"蛇口了不起"这一阶段的资料展示,学生已经将自己收集的图片、文字资料做成了小报张贴了出来,可教师不

满意,觉得他们没有顾全大局,小报与小报之间距离有的近,有的远,还有的居然重叠了一部分,贴得不整齐,也不好看。结果,教师又让他们把自己辛辛苦苦张贴的小报全部取下来,重新再贴。教师想:如果我把"如何办主题板报"这一活动交流指导的工作做在前,指导到位,不就可以避免这种情况的发生吗?

还有,综合实践活动课程作为一门新课程,才刚刚起步,课程内容要靠教师自己去开发,在实施过程中,难免会遇到许多问题,比如,"我为蛇口骄傲,蛇口为我骄傲"围绕"三个了不起"而开展的主题教育活动,对于三年级的学生来说,是不是大了点?师生曾经想把主题中的"蛇口"换成"育才",因为一是课程内容范围小了,学生易于探究,二是育才刚刚过完20周年校庆,大量的文字、图片、音像资料都是现成的,学生拿来就马上能用。可是,转念一想,不行呀,综合实践活动课最显著的特征就是实践性,什么都现成的,还怎么让学生充分感受亲自动手动脑获取知识的愉悦,怎么让学生明确实践出真知的道理,怎么培养学生的问题意识,怎么培养学生的实践能力呢?看到学生综合运用所学的知识,上网、画画、采访、办报。课内课外、校内校外忙得不亦乐乎!教师开始感觉到低估了他们。学生虽然年龄小,只有八、九岁,但他们所处的时代、生活的条件毕竟与我们小时候的大相径庭,他们人小鬼大,教师应该相信他们有探究问题的能力、实践活动的能力。当然,他们能力的提高还离不开指导教师有效的指导。因此,综合实践活动指导教师要加强新课程理论学习,积极探索有效的指导策略,不断总结实践活动课程的得失,促进自身专业的发展,这样才能综合实践活动这门新课程改革的亮点真正亮起来。

(深圳市育才一小　夏桂芬)

红树林生态研究及保护

【活动背景】

2003年1月的一天,教师带领全班学生来到了深圳湾畔美丽的生态公园。目的是对学生进行一次环境保护教育。

沿着崎岖的小路,师生走进了茂密的红树林。两三米高的红树有的长在海边的淤泥里,有的下半截浸泡在海水里,竟然还长得郁郁葱葱。学生们一边观察,一边议论纷纷:看,红树的叶子像泪滴的形状。红树的花多小呀,黄黄的,有点像桂花。

忽然,学生看见了一些绿绿的像笔一样奇怪的玩意儿。它们有的在树下的淤泥里躺着,有的插在了淤泥里,有的上面长出了几片小叶子。一些学生捡起来仔细地观察,大约二十厘米长,两头尖,中间粗。这是什么?教师告诉他们:这是红树的胎生苗,俗名"水笔仔"。什么?还有胎生的树?太神奇了!学生们对它产生了极大的兴趣。

【活动准备】

参观回来后,教师脑子里萌生了一个计划——组织学生进行红树林生态及保护的调查研究!这不正是一个极好的主题活动内容吗?学生一定能在这个综合实践活动中得到很大的收获。于是,教师立即帮助学生组成了一个红树林调查研究小组。

首先,制定调研计划:

调究主题	调研对象	考查地点	调研时间	调研组成员	调研组组长	指导教师
红树林生态及保护	红树林	深圳湾	2002.4—2003.10	辜婷、郭逸馨、苏孜怡、陈琳、石奉奇、吴圳	杨明妍	杨璐端
目的	<td colspan="6">1. 学习红树林的有关知识,认识红树林的生态价值。 2. 能有效宣传红树林在保持生态平衡中的积极作用。 3. 以学习小组为辐射源,与全班同学乃至全校同学联手合作共同宣传,使全社会认识到保护红树林迫在眉睫,刻不容缓;使每一个深圳公民都能自觉地保护红树林。</td>
准备	<td colspan="6">1. 购买有关红树林及自然环境保护的有关书籍。 2. 每人家中备一台电脑(能上网),笔记本、照相机。 3. 聘请班主任杨璐端老师为我们的指导教师。</td>

过程	1. 成立调查研究小组。 2. 前往深圳湾红树林实地考查、调研。 3. 阅读有关书籍，上网查找有关资料。 4. 采用各种方式积极宣传红树林的有关知识，动员人们行动起来保护红树林。 5. 撰写调查研究报告。

【活动展示】

学生们按照制定的调研计划，大量翻阅书籍、上网，一次又一次走进红树林实地考察，一次又一次采访红树林管理处的管理人员，从而知道了很多有关红树林的知识，比如：红树林的有趣传说，红树林的生态价值，红树林的生长状况，红树林在保持生态平衡中的积极作用。这都是调查研究的成果。学生以此向大家宣传红树林的价值及生长状况，使全班学生、全校学生乃至整个社会都认识到：保护红树林迫在眉睫，刻不容缓！大家应该行动起来，保护红树林！

一、在班级、学校中展示

调研小组的学生带领大家一同上网查询有关红树林的知识，在班队会活动中宣讲有关红树林的知识。学生分工合作，小组每一个人讲一个部分，让全班学生对红树林有个整体认识。同时，调研小组又组织了班级红树林知识竞赛，编辑了以红树林为主题的小报在班级张贴。

此外，学生们在学校里也积极展示他们的调研成果，比如，2003年9月，在学校省一级绿色学校授牌仪式上，调研小组的学生朗诵了他们自己写的散文诗《珍贵而神奇的树》，向全校学生介绍红树林，呼吁大家一同为保护红树林而行动起来。

二、在家里、社区中展示

学生们为红树林进行了大量的创作，他们撰写了红树林的散文、诗歌，拍摄了红树林的照片，绘制了红树林的图画，编辑了红树林的小报。这些，有的是与家长共同完成的，有的是自己独立完成后，交给家长看过的。因此，有家长对我说：孩子教会了我很多红树林的知识……

调研小组的学生还制作了《红树林知识调查表》，在社区向朋友、邻居作广泛调查，并向他们展示自己编辑的《红树林学习报》，向他们宣传红树林的有关知识，呼吁人们共同保护红树林。

三、在活动中、报告会中展示

在对红树林调查研究的过程中，学生们搜集了大量的有关资料，拍摄了许多珍贵的照片，于是，教师指导学生撰写了调查研究报告《一种珍贵而神奇的树——关于红树林生态及保护》。之后，教师又指导并协助他们运用PowerPoint制作了31张幻灯片，并刻苦演练调研报告的呈现方式。2003年10月，师生参加了南山区教育局第五届科技节中小学科学论文报告会，调查研究小组六位学生声情并茂的演讲，精彩的答辩，精美的投影片赢得了专家的赞扬和观众热烈的掌声，从而获得了小学组唯一的特等奖。该调查研究报告还被评为深圳市南山区教育局中小学科技论文一等奖。

2004年6月29日，中央教科所在学校召开全国活动教学的理论与实践研讨会。本班红树林调研小组的学生在会上向来自全国教育界的领导、专家、教师们展示调研成果——调查研究报告《一种珍贵而神奇的树——关于红树林生态及保护》。学生们的演讲赢得了与会代表热烈的掌声,中央教科所的郁波教授听后非常感动,对他们赞不绝口。

【活动反思】

1. 红树林生态及保护调研活动是一项在教师引导下自主进行的综合性实践活动,是基于学生直接经验、密切联系学生自身生活和社会生活、体现对知识综合运用的活动。学生在调查研究的亲身经历中进行了多样化的实践性学习,这种学习突破了课堂时空的局限,向社会生活领域和自然环境延伸,因而培养了学生的综合素质。学生在书本学习、上网学习、实地考察过程中提高了处理信息、获取新知识的能力;在办理通行证、调查采访中过程培养了与人合作、交往、独立思考、分析和解决问题、实际操作的能力;在撰写报告、制作幻灯片、作报告过程中提高了创新、写作、朗诵、表演的能力。在与红树林的不断接触中,他们感受到大自然的神奇与博大,增强了对大自然的热爱之情。同时,他们也认识到了人们的生活和生产活动对环境造成的负面影响,从而增强了环境保护的紧迫感,从小就知道重视环境保护。

2. 深圳市政府为了保护这珍贵而神奇的树种做了很多努力,人们的环保意识也在不断增强。但是,师生仍感到自己力量很有限,不能为保护红树林做更多的事。深圳市的红树林面积减少了那么多,有些人至今都不懂得保护这珍贵而神奇的树。前不久,《深圳商报》报道深圳湾红树林周围因为建筑大量高层楼房而影响了候鸟的迁徙,来红树林栖息的鸟儿逐年减少,这将影响红树林的生态平衡,对此大家均表示忧虑。

(深圳市南油小学　杨璐端)

"自由研究"的汇报和探索

【活动背景】

　　综合实践活动的一个基本理念就是要让学生从自己的兴趣、爱好出发，选择喜欢的主题进行探究，充分满足他们个性发展的需要。而在综合实践活动教学实践中，教师通常遇到的情况是，全班选择一个共同的主题，这种办法虽然便于操作，但同一个主题往往不符合每一位学生的兴趣、爱好。结果，部分学生由于对这一主题不感兴趣，因而在探究的过程中缺乏主动性、积极性和创造性，因而影响了他们探究的深度和成效。为了体现综合实践活动的课程理念，体现以学生为本的学习方式，我们探索了自由研究的学习模式。

【活动准备】

　　开学伊始，教师告诉学生，综合实践活动是一门特别的课程，学生们可以自己选择主题进行实践和探究。不过，小学生选择的主题应该是自己身边的、有趣味的、比较简单的、有操作性的主题。教师在课堂上让学生讨论后，开放性地提出一至三个主题，写在一张纸上。结果，学生提出的主题可谓五花八门：动物、植物、玩具、天文、军事武器等，各方面研究内容，应有尽有。然后，教师让学生根据自己提出的主题，通过求同存异，组成研究小组。为了保证研究能取得成效，教师让各小组对提出的主题进行简单的论证。主要论证的问题是：小组同学对主题是否感兴趣？是不是大家身边的主题？有没有研究的条件（实物、资料、图片等）？研究活动将取得什么样的结果？通过论证，成立了两栖动物组、爬行动物组、鸟类组、小狗组、花组、人体奥秘组、天文组、法律组、儿童时尚玩具一组和儿童玩具二组等十多个研究小组。

　　学习小组成立后，学生在教师的指导下，自主开展研究活动。小组成员在小组长的带领下，一起制订活动计划。

我们的研究计划

小组成员：_____

_____ 小组长：_____

　1. 主题和分工

　我们小组研究的主题是：

　我们小组的研究分工是：

2. 我们小组的研究活动

时间	研究活动	分工	研究结果

我们的其他想法：

计划日期：

  各小组学生平时根据活动计划，自主开展收集资料、调查研究、观察、讨论、交流等活动。教师则是学生研究的参与者、指导者、激励者，着重从方法上指导学生，如指导学生收集资料、整理资料，帮助学生寻找其他指导教师。

【活动展示】

  一、活动准备：导入课件，学生汇报课件
  二、过程设计：

1. 课件导入

教师呈示课件：前一阶段学生所探究的多种多样的课题。

师：这些有关动物、植物、玩具、人体的学问都是同学们在综合实践活动课上研究的内容。这个学期，同学们根据自己的兴趣、爱好和条件自己选择主题。我班同学研究了六个方面的大主题，大主题下还分小主题。这样，我们一共成立了六个研究组，也就是：动物组、植物组、人体奥秘组、天文组、儿童时尚玩具组和法律组。动物组还分为爬行动物、两栖动物、鸟类、小狗四个小组。儿童时尚玩具组分为两个小组。我们把同学们自己选择主题、自主开展研究的方式叫作什么研究方式？

学生：自由研究。

师：通过研究，相信你们有许多收获。这节课就让大家来向全班同学和听课教师汇报一下我们研究的收获和体会，分享成功的乐趣。

2. 教师回顾研究的过程。

师：我们先确定了小主题，然后，围绕小主题，同学们在学校、家里和社区里都做了些什么事情？在研究的过程中碰到了哪些困难？有没有办法克服困难？有哪些感受体会？请大家展示自己的研究过程。

3. 学生汇报研究情况。

（1）教师让学生向全班汇报自己的研究收获与体会。要求上台汇报的学生做到表达清楚、响亮、流畅、大方,下面的学生做文明观众,注意倾听并提出问题,发表意见。当一个学生汇报完毕之后,其他学生评价这位同学的研究和汇报的内容哪些地方好,哪些地方不够好,如何改进。

为了鼓励学生的进步,教师和学生还商量设立了"最佳研究小组"、"最佳小研究家"、"最佳评委"、"最大进步者"和"最佳文明观众"几个奖项。

(2)汇报举例。

生:我研究的是狗的样子和习性。狗是一种非常可爱的动物。狗的耳朵比较软,但是它的听觉、嗅觉很灵敏。狗很善于奔跑,狗可以训练成警犬,帮助警察捉坏人。狗还可以看家,防止贼来偷东西。狗喜欢吃肉和骨头,它的牙齿特别坚硬。狗是十分聪明的,它善解人意,懂得人性,因此,人们喜欢养狗做宠物。谢谢!

师:请同学们来当评委,说一说她的汇报好在哪里,还有什么地方需要改进。

生:蓝瑛娜发言大方、流利。

生:她研究得细致,对狗的特点、狗对人类的好处等都有研究。

生:这学期刘老师让我们搞自由研究。我们组研究的是法律。我研究了刑法中的反贪污法——《中华人民共和国惩治腐败条例》。这是有难度的。因为里面包含了许多问题。所以,我给自己设下了一个目标,就是找到我国目前贪污钱财的数目。经过多方调查,1990年至1997年,我国官员贪污金额达到4000多万人民币。我了解到一个案例,案例中的被告人李乘龙,原广西贵港市副市长,他利用职务之便牟取暴利。人们从他家搜出人民币900多万元以及一批珠宝首饰。而且我还了解到反腐败法的量刑,即贪污10万元以上50万元以下的判无期徒刑或有期徒刑,如果贪污50到100万元,则判无期徒刑或死刑,如果贪污数额超过100万元则直接执行死刑,同时依法没收非法所得并剥夺政治权利终身。

生:我研究的是树蛙。树蛙是蛙类中最难研究的一种。树蛙生活在热带雨林地区,那里空气潮湿,水分很多。在中国,树蛙变得越来越稀少,一方面是因为中国热带雨林面积小,另一方面是因为人们大量捕捉树蛙。有些人抓到了树蛙,还以为是胃卵蛙、雨蛙。树蛙最大的特点是会变色,这是因为它的皮肤上有变色素,变色素可以使树蛙随着环境颜色的变化而变化。我还研究了雨蛙,雨蛙跟树蛙一样也会改变身体的颜色,那它为什么叫雨蛙呢?根据我查找的资料,有两种答案。第一种是因为每当下雨时它就跑到雨中,叫得很欢;第二种说法是,雨蛙能预报天气,当它从水里浮到水面上或跑到地上坐着,表明快要下雨了,而当它从外面躲进水里时就可能要出太阳了。

教师在每个学生汇报之后让学生当评委,学生根据评价标准对其他学生的汇报作出评价。

4. 问题研究

师启发:同学们记不记得我们前不久学过的一种方法,叫问题研究法。什么是问题研究法?就是自己提出问题、自己解决问题的方法。当然也包括研究别人提出的问题。当我们发现、提出问题以后可以用什么方法来解决问题?在课堂上用哪些方法能够又快又好地解决问题?

学生回答:查书籍资料、上网、问别人。

(1)有问有答活动。教师请学生向别的小组的学生提问,提一些和这个小组研究的小主题有密切关系的简单的问题。每个小组必须回答两个问题。如果他们在5秒钟之内回答不上来,就请别的小组来抢答。回答基本正确加1分,完全正确加2分,回答很完美加3分。如果没有人知道,或能完全肯定,教师就写在黑板上,学生可呆会儿再来回答。

师:现在,老师请同学们向别的小组的同学提问,请这一小组的同学注意听,然后在5秒钟之内回答,看哪一组表现最好?

教师提示:先请同学向"人体的奥秘组"提问。

生:为什么人体需要骨骼?

生:因为如果没有骨骼的话,人体就会象一堆肉放在地上一样站不起来。

生:骨骼起支撑肌肉和组织的作用。

师:现在让我们向"鸟类组"提问。

生:世界上飞得最远的鸟是什么鸟?

生:是雨燕。

生:不对。

师:"鸟类组"同学没有回答对,请别的组同学来回答。

生:应该是北极的燕鸥。

师:现在我们向"爬行动物组"同学提问。

生:是不是爬着走的动物都是爬行动物?

生:爬行动物有一个共同特点,就是体表无被毛,身体表面有鳞或甲,壁虎就是爬行动物。

生:爬行动物用肺呼吸,身上有鳞或甲,一般是卵生,所以不是所有爬着走的动物都是爬行动物。

(2)现场研究活动。

师引导:现在还有一些问题,让我们一起来解决,好吗?请大家运用查书、上网、问人、讨论等方法解决。

(教师注意让学生交流书籍资料,互相帮助。学生可以用教师的电话询问专家。)

教师让最先找出答案的学生在黑板上写下自己的名字。

最后,师生评出:最佳研究小组、最佳小研究家、最佳评委、最大进步者和最文明观众。

5. 活动总结。

师:同学们,你们今天解决了这么多问题,其中不少问题连大人都不能够轻易解决,说明你们已经具备一定的研究问题的能力,很了不起。大多数同学基本掌握了多种解决问题的方法,这和科学家的研究方法是很相似的。以前我们羡慕外国中小学生的研究能力,今天你们的表现说明中国的小学生也能象美国、英国、加拿大等国的小学生一样从小搞研究,大胆去创造。只要你们能坚持研究自己感兴趣的事物,讲求研究方法,注意与别人合作,就一定能取得更大的进步,愿同学们将来能成为一名真正的学者。

教师在展示课后,对每个学生进行期末评价,将学习过程和学习结果、平时表现和展示课,自评和他评等结合起来。

综合实践活动期末评价表

班级：　　　　　　姓名：

项　　目	自己评	小组评	教师评	综合评价
1. 积极选择、确定主题和小主题				
2. 探究的主题比较稳定				
3. 对自己的主题一直感兴趣				
4. 认真完成小组分配给自己的工作				
5. 注意与同学合作，关心、帮助同学				
6. 积极参加课堂各项活动				
7. 善于发现问题，提出问题				
8. 积极想办法解决困难和问题				
9. 展示课上的表现				
10. 运用查阅资料、观察、种植、讨论、上网等多种方法学习和探究				
11. 建立了成长记录袋，并保护完好				
12. 收集两篇以上资料（包括阅读笔记、观察记录等）				
13. 小论文、心得体会的完成情况				
签　名				

说明：每一个项目都设 A—优、B—良、C—合格、D—须努力四个等级。

【活动反思】

展示课终于在热烈的探究氛围中结束了，它给教师带来了收获的喜悦，也留下了许多反思。

1. 听了展示课,王校长高兴地说,许多学生的汇报都很精彩,说明他们对所选主题确实有较深的研究,看来教师做了许多扎实的工作。领导的评价使教师倍受鼓舞,看来工夫没有白费!

2. 通过自由研究,大多数学生受益匪浅,他们基本上掌握了研究问题的方法,知道到哪里寻找资料,如何解决自己提出的问题。

3. 自由研究所取得的成效表明这种课程模式是行之有效的,它是培养学生综合运用知识的能力和研究问题的能力的有益尝试。

4. 展示课也留下了一些不足。在教学活动设计上,教师应多给学生时间汇报研究成果,让更多的学生登台汇报,享受成功的乐趣。有问有答环节也有待优化,各小组提出的问题往往过于宽泛,未能针对研究的小主题发问。

(深圳市松坪学校　刘光江)

2008 心系北京,心系奥运

【活动背景】

2008年,举世瞩目的奥运会将在北京举行,这是中华民族的骄傲。为进一步激发学生热爱祖国的感情,树立为祖国争光的理想,使学生了解奥林匹克精神和奥运会的有关知识,学习运动健儿的拼搏精神,理解北京申奥的伟大意义,体验申奥成功的欣欣和喜悦,并培养搜集资料、运用资料的能力和表达能力,教师与学生一致确定了这一活动主题。

【活动准备】

1. 搜集有关奥运会的历史资料和各国参加奥运会的历史及获奖情况。
2. 搜集讲述运动健儿顽强拼搏、为国争光的故事。
3. 了解北京申办奥运会的情况。
4. 发动学生从各种渠道收集有关奥运会的各种资料,每人动手办一张2008奥运专刊的手抄报或电脑小报,评选最佳作品。
5. 发挥学生的想像力和创造力,为2008北京奥运会设计会徽和吉祥物,评出最佳设计者。
6. "奥运知识知多少"擂台赛,准备竞赛的题目。
7. 排练各类节目。
8. 以"2008心系奥运"为主题,展开联想,写一篇作文。

【活动展示】

一、资料展示(用 Word 文档、PowerPoint 演示文稿或 FrontPage 网页的形式)

1. 古代奥运会传说。
2. 奥运会历史。
3. 奥运会发展史。
4. 现代奥运会历史。
5. 奥运会宗旨、格言。
6. 奥运会会旗、会徽、圣火。
7. 奥运会名人录。
8. 运动健儿顽强拼搏、为国争光的故事。
9. 奥运会中各国获奖情况。

10. 北京申办奥运会的情况。

二、学生手抄报、电脑小报作品展示

通过在班级展览学生自己办的手抄报、电脑小报等作品,充分展示学生的多才多艺。通过评选最佳作品,让学生掌握学习评价的方法和在自评、互评过程中反思学习过程,为以后进行探究性学习打好基础。

三、为2008年北京奥运会设计的会徽与吉祥物展示

学生们发挥自己的聪明才智为2008年北京奥运会设计的会徽与吉祥物。展示作品之后,师生评出最佳设计者。

四、"奥运知识知多少"擂台赛展示活动

1. 分队:蓝队、黑队、红队、黄队、绿队。
2. 擂台赛题型:必答题、抢答题、判断题、风险题。
3. 部分擂台赛题目。

(1) 奥林匹克运动的发祥地在何处?
(2) 古代奥运会创始人是谁?
(3)《掷铁饼者》是谁雕塑的?
(4) 现代奥林匹克创始人是谁?
(5) 奥林匹克之父是对谁的尊称?
(6) 国际奥委会第一任主席是谁?
(7) 国际奥委会总部设在何处?
(8) 奥林匹克运动的宗旨是什么?
(9) 奥林匹克的格言是谁提出的?
(10) 亚洲第一个申办奥运会的城市是哪个?
(11) 奥林匹克会旗图案是什么?在什么含义?
(12) 第一届奥运会主办国家。
(13) 中国第一个获得奥运会金牌的男运动员是谁?
(14) 中国第一个获得奥运会金牌的女运动员是谁?
(15) 在亚特兰大奥运会上中国代表团共赢得了多少金牌?
(16) 中国女排队在哪届奥运会上夺得了冠军,实现了几连冠?
(17) 中国第一个田径世界冠军是谁?
(18) 萨马兰奇是国际奥委会第几任主席?
(19) 解放后,我国参加了几届奥运会?是哪几届?
(20) 北京申奥的口号是什么?

五、擂台赛简要过程

师:同学们,你们对奥运知识了解多少呢?就让我们来一次"奥运知识知多少"的擂台赛,各参赛队的代表请注意,比赛要开始了,第一轮是必答题,规则是轮到哪队回答,那队就必须作出回答,答对一题加10分,不答或答错都将不得分。每队基础分为100分,蓝队请听题……

六、作文展示

采用个人感情朗读与粘贴在奥运作文园地相结合的形式,选取作文三篇:

2008——中国人的希望

深圳市南山区前海小学三(4)班 金童

　　2001年7月13日,国际奥委会萨马兰奇向全世界宣布,北京获得了2008年奥运会的主办权。北京打出的是"新北京、新奥运"的申办口号,北京奥运会将是一场绿色奥运＋科技奥运会＋人文奥运的体育盛会,并且还向世界承诺举办一届历史上最出色的奥运会,为中国及世界体育留下独特的遗产,这就是新奥运的主要内容。那么,同学们知道什么是绿色奥运,科技奥运,人文奥运吗?

　　绿色奥运是北京将以防治大气污染和保护饮用水源为重点,强化生态保护。现在不爱护绿地和花草树木的人和事情非常多,吃过的零食袋,塑料袋,冰棍棒等垃圾到处可见,希望随着北京奥运会倒记时的开始,我们渐渐增强环保意识,不光爱北京,更爱我们的大家园。科技奥运是要发展北京和各地的经济。到时,奥运会的场馆里有我们自己开发、研制的最先进的各种设备,让全世界各地的运动员和裁判员以及观看比赛的人们为我们感到骄傲。人文奥运呢?中国有五千年的历史,北京是历史名城,所以要提高城市文明程度和市民的文化素质。到了2008年,北京将建成生态城市,以青山、碧水、绿地、蓝天迎接奥运会的到来。

　　随着时间的移近,我能做的是什么呢?我想我应该珍惜每一天,好好学习,到了2008年,那时的我已经是一名初中二年级的学生,我希望我能用平常学到的知识,流利的英语口语,在奥运会期间到北京当一名义工,给那些来参加奥运会的各国运动员和来观看比赛的外国人介绍我们的新北京,让他们更加了解和喜欢我们变化中的北京。

　　2008年——中国人的希望!北京——中国人的希望!祝愿2008年奥运会成功!祝愿北京成功!

2008——中国的骄傲

深圳市南山区前海小学三(4)班 林宇鹏

　　2001年7月13日的晚上,那是一个不眠之夜啊!

　　当国际奥委会主席萨马兰奇郑重宣布,获得2008年奥运会的举办权的城市是中国北京时,坐在电视机前的我们欣喜若狂。我至今记忆犹新,爸爸当时激动地抱起我,在客厅转了好几圈,兴奋地说:儿子,我们如愿以偿了,中国成功了!我们笑成一团,抱成一团,妈妈的眼睛里闪着激动的泪光,自言自语:太好了!我们的愿望实现了!

　　当时,我才是一个幼儿园学前班的小朋友,时隔三年,今天我已经是一个三年级的小学生了,到了2008年,我将上初中一年级。我想:在这几年里,我要发奋读书,特别是学好英语,等到2008年奥运会开幕的那一天,我要飞到我们的北京去,我要骄傲地告诉那些外国来宾:我们中国是最棒的!

　　当然,我渴望成为一名优秀的运动员,2008年在赛场上为我们的国家争光,我更要以优异的学习成绩报效我们的国家,我要向我们的同胞兄弟宣传:爱护环境,美化环境,

把我们的国家建设成为世界强国。我还要让世界各国人民认识我们国家的文化,让他们知道:地球上屹立着一个这么繁荣富强而美丽的国家,她的名字叫中国。

2008,我奔您而来,我要健康成长,精神饱满地去迎接您,因为,您是我们中华民族的骄傲,是我们中国日益走向繁荣富强的象征。

2008,您是中国的骄傲!

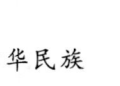

我的北京奥运梦

深圳市南山区前海小学三(4)班　倪玮彤

时间过得飞快,转眼已经到了2008年,再过3个小时,奥运圣火就要在北京奥运主会场上空点燃,作为这次奥运会的志愿者,我将亲眼目睹这个万众瞩目、激动人心的时刻。

回首往事,2001年7月13日晚上10点10分,当国际奥委会主席萨马兰奇宣读出北京二字时,守在电视机前的爸爸、妈妈和我同时兴奋地欢呼起来。随着电视机里彩旗飞舞,锣鼓震天,举国同庆的一幅幅画面,我的心早已从深圳飞到了北京,7年来我始终梦想着这一天。当2004年雅典奥运会的圣火传递到中国北京的时候,我的奥运梦想之火又再一次被点燃。我一直为2008年的这一天努力准备着。

经历了7年的准备,如今,在北京你所看到的绝不仅仅是漂亮的奥运比赛场馆和奥运村,你会看到湛蓝的天空,沙尘天气早已成为北京的历史;北京的街头到处可见为您提供方便的互联网显示屏;人们都可以用英语同来宾交流,向来宾讲述中国的文化和历史,在这里真正实现了绿色奥运、科技奥运、人文奥运,她向世人展示、兑现了"新北京、新奥运"的庄重承诺。

傍晚七点整,随着国家主席的一声号令,奥运圣火在北京的天空中熊熊燃起,照亮了祖国大地,五彩缤纷的焰火告诉世人:我们的祖国将会取得更大的辉煌!

七、心系奥运文艺演出展示,节目如下:

1. 朗诵《向往奥运》
2. 小组唱《奥林匹克之歌》
3. 舞蹈《亚洲雄风》
4. 小品《欢迎奥运到我家》
5. 相声《奥运金牌榜》
6. 武术表演《奥运精神放光芒》
7. 舞蹈《歌声与微笑》
8. 小品《奥运来到中国》
9. 诗朗诵《祖国万岁》
10. 大合唱《歌唱祖国》

【学习评价】

学生评价表(一)

班级_____   姓名_____   时间_____

项目	评价要点	自评	互评	师评
参与态度	1. 认真参加活动,始终对活动有浓厚的兴趣。			
	2. 努力完成自己承担的学习任务。			
	3. 有收集、整理资料的能力。			
	4. 大胆提出自己的设想。			
	5. 乐于和同学交流、合作,尊重他人。			
活动体验	6. 善于提问,乐于研究,勤于动手。			
	7. 关心社会问题,有一定的责任心。			
	8. 能够对学习进行反思。			
	9. 实事求是,尊重他人想法与成果。			
活动体验	10. 活动中遇到困难不退缩,并且自己想办法解决问题。			
学习方法	11. 能用多种途径获取信息。			
	12. 采用了两种以上的方法进行探究。			
	13. 能运用已有知识解决问题。			
实践能力	14. 有求知的好奇心、探索的欲望。			
	15. 独立思考、自主学习,主动发现问题,提出问题,寻求解决问题的方法。			
	16. 积极实践,发挥个性特长,施展才能。			
总体收获	17. 我的收获是_____			
	18. 下一步我将研究的课题是_____			
	19. 对自己的总体评价_____			

学生评价表（二）

班级_____　　姓名_____　　时间_____

评价人 评价内容	自评 (☆☆☆☆☆)	小组评 (☆☆☆☆☆)	教师评 (☆☆☆☆☆)
搜集资料			
手抄报、电脑小报			
会徽与吉祥物设计			
奥运知识竞赛			
"2008心系奥运"作文			
"心系奥运"文艺演出			

【活动反思】

　　教师欣喜地发现，通过本次课题研究活动，学生搜集和运用资料的能力、研究能力、合作能力、表达表演、动脑动手实践操作能力都大大提高了。他们掌握了许多学习方法，如上网、找查资料等。探究活动激发了学生热爱祖国的感情，树立为祖国争光的理想，使学生了解了奥林匹克精神和奥运会的有关知识，理解北京申奥的伟大意义，体验申奥成功的欢欣和喜悦，从而激励自己扎扎实实地学习，全面提高自己的综合素质与能力，为北京举办2008年第29届奥运会做贡献。

　　本次"2008心系北京，心系奥运"活动，选材比较有时代感。教师在活动前做了充分的准备工作，收集了很多资料。从学生在活动过程上的整体表现看，基本上达到了教学目标，学生兴趣盎然。

（深圳市前海小学　郑燕玲）

北京大学出版社
教育出版中心 精品图书

21世纪特殊教育创新教材·理论与基础系列

书名	作者	价格
特殊教育的哲学基础	方俊明 主编	36元
特殊教育的医学基础	张婷 主编	36元
特殊教育导论（第二版）	雷江华 主编	45元
特殊教育学（第二版）	雷江华 方俊明 主编	43元
特殊儿童心理学（第二版）	方俊明 雷江华 主编	39元
特殊教育史	朱宗顺 主编	39元
特殊教育研究方法（第二版）	杜晓新 宋永宁等 主编	39元
特殊教育发展模式	任颂羔 主编	33元
特殊儿童心理与教育（第二版）	杨广学 张巧明 王芳 主编	36元
教育康复学导论	杜晓新 黄昭鸣	55元
特殊儿童病理学	王和平 杨长江	48元

21世纪特殊教育创新教材·发展与教育系列

书名	作者	价格
视觉障碍儿童的发展与教育	邓猛 编著	33元
听觉障碍儿童的发展与教育	贺荟中 编著	38元
智力障碍儿童的发展与教育	刘春玲 马红英 编著	32元
学习困难儿童的发展与教育	赵微 编著	39元
自闭症谱系障碍儿童的发展与教育	周念丽 编著	32元
情绪与行为障碍儿童的发展与教育	李闻戈 编著	36元
超常儿童的发展与教育（第二版）	苏雪云 张旭 编著	39元

21世纪特殊教育创新教材·康复与训练系列

书名	作者	价格
特殊儿童应用行为分析	李芳 李丹 编著	36元
特殊儿童的游戏治疗	周念丽 编著	30元
特殊儿童的美术治疗	孙霞 编著	38元
特殊儿童的音乐治疗	胡世红 编著	32元
特殊儿童的心理治疗（第二版）	杨广学 编著	45元
特殊教育的辅具与康复	蒋建荣 编著	29元
特殊儿童的感觉统合训练	王和平 编著	45元
孤独症儿童课程与教学设计	王梅 著	37元

自闭谱系障碍儿童早期干预丛书

书名	作者	价格
如何发展自闭谱系障碍儿童的沟通能力	朱晓晨 苏雪云	29元
如何理解自闭谱系障碍和早期干预	苏雪云	32元
如何发展自闭谱系障碍儿童的社会交往能力	吕梦 杨广学	33元
如何发展自闭谱系障碍儿童的自我照料能力	倪萍萍 周波	32元
如何在游戏中干预自闭谱系障碍儿童	朱瑞 周念丽	32元
如何发展自闭谱系障碍儿童的感知和运动能力	韩文娟 徐芳 王和平	32元
如何发展自闭谱系障碍儿童的认知能力	潘前前 杨福义	39元
自闭症谱系障碍儿童的发展与教育	周念丽	32元
如何通过音乐干预自闭谱系障碍儿童	张正琴	36元
如何通过画画干预自闭谱系障碍儿童	张正琴	36元
如何运用ACC促进自闭谱系障碍儿童的发展	苏雪云	36元
孤独症儿童的关键性技能训练法	李丹	45元
自闭症儿童家长辅导手册	雷江华	35元
孤独症儿童课程与教学设计	王梅	37元
融合教育理论反思与本土化探索	邓猛	58元
自闭症谱系障碍儿童家庭支持系统	孙玉梅	36元

特殊学校教育·康复·职业训练丛书（黄建行 雷江华 主编）

信息技术在特殊教育中的应用	55元
智障学生职业教育模式	36元
特殊教育学校学生康复与训练	59元
特殊教育学校校本课程开发	45元
特殊教育学校特奥运动项目建设	49元

21世纪学前教育规划教材

学前教育概论	李生兰 主编	49元
学前教育管理学	王雯	45元
幼儿园歌曲钢琴伴奏教程	果旭伟	39元
幼儿园舞蹈教学活动设计与指导	董丽	36元
实用乐理与视唱	代苗	40元
学前儿童美术教育	冯婉贞	45元
学前儿童科学教育	洪秀敏	39元
学前儿童游戏	范明丽	39元
学前教育研究方法	郑福明	39元
外国学前教育史	郭法奇	39元
学前教育政策与法规	魏真	36元
学前心理学	涂艳国、蔡艳	36元
学前教育理论与实践教程	王维 王维娅 孙岩	39元
学前儿童数学教育	赵振国	39元

大学之道丛书

书名	作者	价格
市场化的底限	[美] 大卫·科伯 著	59元
大学的理念	[英] 亨利·纽曼 著	49元
哈佛：谁说了算	[美] 理查德·布瑞德利 著	48元
麻省理工学院如何追求卓越	[美] 查尔斯·维斯特 著	35元
大学与市场的悖论	[美] 罗杰·盖格 著	48元
高等教育公司：营利性大学的崛起	[美] 理查德·鲁克 著	38元
公司文化中的大学：大学如何应对市场化压力	[美] 埃里克·古尔德 著	40元
美国高等教育质量认证与评估	[美] 美国中部州高等教育委员会 编	36元
现代大学及其图新	[美] 谢尔顿·罗斯布莱特 著	60元
美国文理学院的兴衰——凯尼恩学院纪实	[美] P.F.克鲁格 著	42元
教育的终结：大学何以放弃了对人生意义的追求	[美] 安东尼·T.克龙曼 著	35元
大学的逻辑（第三版）	张维迎 著	38元
我的科大十年（续集）	孔宪铎 著	35元
高等教育理念	[英] 罗纳德·巴尼特 著	45元
美国现代大学的崛起	[美] 劳伦斯·维赛 著	66元
美国大学时代的学术自由	[美] 沃特·梅兹格 著	39元
美国高等教育通史	[美] 亚瑟·科恩 著	59元
美国高等教育史	[美] 约翰·塞林 著	69元
哈佛通识教育红皮书	哈佛委员会撰	38元
高等教育何以为"高"——牛津导师制教学反思	[英] 大卫·帕尔菲曼 著	39元
印度理工学院的精英们	[印度] 桑迪潘·德布 著	39元
知识社会中的大学	[英] 杰勒德·德兰迪 著	32元
高等教育的未来：浮言、现实与市场风险	[美] 弗兰克·纽曼 著	39元
后现代大学来临？	[英] 安东尼·史密斯等 主编	32元
美国大学之魂	[美] 乔治·M.马斯登 著	58元
大学理念重审：与纽曼对话	[美] 雅罗斯拉夫·帕利坎 著	40元
学术部落及其领地——当代学术界生态揭秘（第二版）	[英] 托尼·比彻 保罗·特罗勒尔 著	33元
德国古典大学观及其对中国大学的影响（第二版）	陈洪捷 著	42元
转变中的大学：传统、议题与前景	郭为藩 著	23元
学术资本主义：政治、政策和创业型大学	[美] 希拉·斯劳特 拉里·莱斯利 著	36元
21世纪的大学	[美] 詹姆斯·杜德斯达 著	38元
美国公立大学的未来	[美] 詹姆斯·杜德斯达 弗瑞斯·沃马克 著	30元
东西象牙塔	孔宪铎 著	32元
理性捍卫大学	眭依凡 著	49元

学术规范与研究方法系列

书名	作者	价格
社会科学研究方法100问	[美] 萨子金德 著	38元
如何利用互联网做研究	[爱尔兰] 杜恰泰 著	38元
如何为学术刊物撰稿：写作技能与规范（英文影印版）	[英] 罗薇娜·莫 编著	26元
如何撰写和发表科技论文（英文影印版）	[美] 罗伯特·戴 等著	39元
如何撰写与发表社会科学论文：国际刊物指南	蔡今忠 著	35元
如何查找文献	[英] 萨莉比·姆齐 著	35元
给研究生的学术建议	[英] 戈登·鲁格 等著	26元
科技论文写作快速入门	[瑞典] 比约·古斯塔维 著	19元
社会科学研究的基本规则（第四版）	[英] 朱迪斯·贝尔 著	32元
做好社会研究的10个关键	[英] 马丁·丹斯考姆 著	20元
如何写好科研项目申请书	[美] 安德鲁·弗里德兰德 等著	28元
教育研究方法（第六版）	[美] 乔伊斯·高尔 等著	88元
高等教育研究：进展与方法	[英] 马尔科姆·泰特 著	25元
如何成为学术论文写作高手	华莱士 著	49元
参加国际学术会议必须要做的那些事	华莱士 著	32元
如何成为优秀的研究生	布卢姆 著	38元

21世纪高校职业发展读本

书名	作者	价格
如何成为卓越的大学教师	肯·贝恩 著	32元
给大学新教员的建议	罗伯特·博伊斯 著	35元
如何提高学生学习质量	[英] 迈克尔·普洛瑟 等著	35元
学术界的生存智慧	[美] 约翰·达利 等主编	35元
给研究生导师的建议（第2版）	[英] 萨拉·德拉蒙特 等著	30元

21世纪教师教育系列教材·物理教育系列

中学物理微格教学教程（第二版）
　　　　　　张军朋 詹伟琴 王 恬 编著 32元
中学物理科学探究学习评价与案例
　　　　　　　　　张军朋 许桂清 编著 32元
物理教学论　　　　　　邢红军 著 49元
中学物理教学评价与案例分析
　　　　　　　　　王建中 孟红娟 著 38元

21世纪教育科学系列教材·学科学习心理学系列

数学学习心理学（第二版）
　　　　　　　　孔凡哲 曾 峥 编著 38元
语文学习心理学　　董蓓菲 编著 39元

21世纪教师教育系列教材

教育学基础　　　　庞守兴 主编 40元
教育学　　　　余文森 王 晞 主编 26元
教育研究方法　　　刘淑杰 主编 45元
教育心理学　　　　王晓明 主编 55元
心理学导论　　　　杨凤云 主编 46元
教育心理学概论　连 榕 罗丽芳 主编 42元
课程与教学论　　　李 允 主编 42元
教师专业发展导论　于胜刚 主编 42元
学校教育概论　　　李清雁 主编 42元
现代教育评价教程（第二版）　吴 钢 主编 45元
教师礼仪实务　　　刘 霄 主编 36元
家庭教育新论　闫旭蕾 杨 萍 主编 39元
中学班级管理　　　张宝书 主编 39元
教育职业道德　　　刘亭亭 39元
教师心理健康　　　张怀春 39元
现代教育技术　　　冯玲玉 39元
青少年发展与教育心理学　张 清 42元
课程与教学论　　　李 允 42元
课堂教学艺术（第二版）　孙菊如 陈春荣 49元

21世纪教师教育系列教材·初等教育系列

小学教育学　　　　田友谊 主编 39元
小学教育学基础　张永明 曾 碧 主编 42元
小学班级管理　　张永明 宋彩琴 主编 39元
初等教育课程与教学论　罗祖兵 主编 45元
小学教育研究方法　王红艳 主编 39元

教师资格认定及师范类毕业生上岗考试辅导教材

教育学　　　　　余文森 王 晞 主编 26元
教育心理学概论　连 榕 罗丽芳 主编 42元

21世纪教师教育系列教材·学科教育心理学系列

语文教育心理学　　董蓓菲 编著 39元
生物教育心理学　　胡继飞 编著 45元

21世纪教师教育系列教材·学科教学论系列

新理念化学教学论（第二版）　王后雄 主编 45元
新理念科学教学论（第二版）
　　　　　　　　崔 鸿 张海珠 主编 36元
新理念生物教学论（第二版）
　　　　　　　　崔 鸿 郑晓慧 主编 45元
新理念地理教学论（第二版）　李家清 主编 45元
新理念历史教学论（第二版）　杜 芳 主编 33元
新理念思想政治（品德）教学论（第二版）
　　　　　　　　　　　　胡田庚 主编 36元
新理念信息技术教学论（第二版）
　　　　　　　　　　　　吴军其 主编 32元
新理念数学教学论　冯 虹 主编 36元

21世纪教师教育系列教材·语文课程与教学论系列

语文文本解读实用教程　荣维东 主编 49元
语文课程教师专业技能训练
　　　　　　　　张学凯 刘丽丽 主编 45元
语文课程与教学发展简史
　　　　　　武玉鹏 王从华 黄修志 主编 38元
语文课程学与教的心理学基础　韩雪屏 王朝霞 主编
语文课程名师名课案例分析　武玉鹏 郭治锋 主编
语用性质的语文课程与教学论　王元华 著 42元

21世纪教师教育系列教材·学科教学技能训练系列

新理念生物教学技能训练（第二版）　崔 鸿 33元
新理念思想政治（品德）教学技能训练（第二版）
　　　　　　　　　　　胡田庚 赵海山 29元
新理念地理教学技能训练　李家清 32元
新理念化学教学技能训练（第二版）　王后雄 36元
新理念数学教学技能训练　王光明 36元
新理念小学音乐教学法　吴跃跃 主编 38元

王后雄教师教育系列教材

教育考试的理论与方法　王后雄 主编 35元
化学教育测量与评价　　王后雄 主编 45元
中学化学实验教学研究　王后雄 主编 32元
新理念化学教学诊断学　王后雄 主编 48元

西方心理学名著译丛

荣格心理学七讲　　　　[美]卡尔文·霍尔 45元

拓扑心理学原理	[德] 库尔德·勒温 32元	新媒体视听节目制作	周建青 45元
系统心理学：绪论	[美] 爱德华·铁钦纳 30元	融合新闻学	石长顺 39元
社会心理学导论	[美] 威廉·麦独孤 36元	新媒体网页设计与制作	惠慧荷 39元
思维与语言	[俄] 列夫·维果茨基 30元	网络新媒体实务	张合斌 39元
人类的学习	[美] 爱德华·桑代克 30元	突发新闻教程	李 军 45元
基础与应用心理学	[德] 雨果·闵斯特伯格 36元	视听新媒体节目制作	周建青 45元
记忆	[德] 赫尔曼·艾宾浩斯著 32元	视听评论	何志武 32元
儿童的人格形成及其培养	[奥地利] 阿德勒 著 35元	出镜记者案例分析	刘 静 邓秀军 39元
幼儿的感觉与意志	[德] 威廉·蒲莱尔 著 45元	视听新媒体导论	郭小平 39元
实验心理学（上下册）		网络与新媒体广告	尚恒志 张合斌 49元
	[美] 伍德沃斯 施洛斯贝格 著 150元	网络与新媒体文学	唐东堰 雷 奕 49元
格式塔心理学原理	[美] 库尔特·考夫卡 75元		
动物和人的目的性行为	[美] 爱德华·托尔曼 44元	**全国高校广播电视专业规划教材**	
西方心理学史大纲	唐 钺 42元	电视节目策划教程	项仲平 著 36元
		电视导播教程	程 晋 编著 39元
心理学视野中的文学丛书		电视文艺创作教程	王建辉 编著 39元
围城内外——西方经典爱情小说的进化心理学透视		广播剧创作教程	王国臣 编著 36元
	熊哲宏 32元		
我爱故我在——西方文学大师的爱情与爱情心理学		**21世纪教育技术学精品教材**（张景中 主编）	
	熊哲宏 32元	教育技术学导论（第二版）	
			李 芒 金 林 编著 38元
21世纪教学活动设计案例精选丛书（禹明 主编）		远程教育原理与技术	王继新 张 屹 编著 41元
初中语文教学活动设计案例精选	23元	教学系统设计理论与实践	杨九民 梁林梅 编著 29元
初中数学教学活动设计案例精选	30元	信息技术教学论	雷体南 叶良明 主编 29元
初中科学教学活动设计案例精选	27元	网络教育资源设计与开发	刘清堂 主编 30元
初中历史与社会教学活动设计案例精选	30元	学与教的理论与方式	刘雍潜 32元
初中英语教学活动设计案例精选	26元	信息技术与课程整合（第二版）	
初中思想品德教学活动设计案例精选	20元		赵呈领 杨 琳 刘清堂 39元
中小学音乐教学活动设计案例精选	27元	教育技术研究方法	张屹 黄磊 38元
中小学体育（体育与健康）教学活动设计案例精选		教育技术项目实践	潘克明 32元
	25元		
中小学美术教学活动设计案例精选	34元	**21世纪信息传播实验系列教材**（徐福荫 黄慕雄 主编）	
中小学综合实践活动教学活动设计案例精选	27元	多媒体软件设计与开发	32元
小学语文教学活动设计案例精选	29元	电视照明·电视音乐音响	26元
小学数学教学活动设计案例精选	33元	播音与主持艺术（第二版）	38元
小学科学教学活动设计案例精选	32元	广告策划与创意	26元
小学英语教学活动设计案例精选	25元	摄影基础（第二版）	32元
小学品德与生活（社会）教学活动设计案例精选			
	24元	**21世纪教师教育系列教材·专业养成系列**（赵国栋 主编）	
幼儿教育教学活动设计案例精选	39元	微课与慕课设计初级教程	40元
		微课与慕课设计高级教程	48元
全国高校网络与新媒体专业规划教材		微课、翻转课堂和慕课设计实操教程	188元
文化产业概论	尹章池 38元	网络调查研究方法概论（第二版）	49元
网络文化教程	李文明 42元	PPT云课堂教学法	88元
网络与新媒体评论	杨 娟 38元		
新媒体概论	尹章池 39元		